AF401378

MANUEL

DU

JEUNE ORTHOGRAPHISTE

OU

VOCABULAIRE

DES MOTS A DIFFICULTÉS ORTHOGRAPHIQUES, RANGÉS PAR ORDRE
ALPHABÉTIQUE, ET DISTINGUÉS SELON LEUR USAGE
PLUS OU MOINS FAMILIER;

PAR A. BONIFACE,

INSTITUTEUR.

SECONDE ÉDITION.

PRIX : 75 CENTIMES.

CHEZ L'AUTEUR,

RUE DE TOURNON, N. 33;

CHEZ L. COLAS, LIBRAIRE,

RUE DAUPHINE, N. 32.

1830

AUTRES OUVRAGES DE L'AUTEUR.

MANUEL DES AMATEURS DE LA LANGUE FRANÇAISE, contenant des solutions sur les principales difficultés de la langue française; seconde édition. 1 fort vol. in-8. Prix :   7 fr.

INTRODUCTION A L'ÉTUDE DE LA GÉOGRAPHIE, comprenant des notions d'histoire naturelle, les définitions des principaux termes de géographie, et un *Traité élémentaire d'astronomie.* In-12, avec 8 planches. Prix :   4 fr.

LECTURE GRADUÉE, ouvrage dans lequel l'auteur, en présentant graduellement les difficultés de la lecture, en a simplifié l'étude. Deux parties in-8, seconde édition. Prix :   3 fr.

GRAMMAIRE FRANÇAISE, méthodique et raisonnée, rédigée d'après un nouveau plan, fondée sur un grand nombre de faits et sur l'autorité des grammairiens les plus connus; ouvrage dont le but est de faciliter l'enseignement et l'étude de la langue française. 1 vol. in-12, seconde édition. Prix :   2 fr. 50 c.

TRAITÉ D'ORTHOGRAPHE ABSOLUE, dite d'usage, comprenant un certain nombre de règles au moyen desquelles on peut orthographier la plupart des mots de la langue française. Prix :   70 c.

GUIDE PRATIQUE DE L'ARITHMÉTICIEN, contenant près de 6,000 opérations graduées sur toutes les parties de l'arithmétique; ouvrage composé d'après *Bezout, Lacroix, Reynaud, Bourdon,* etc. Prix :   5 fr.

PARIS. — IMPRIMERIE DE J. TASTU,
Rue de Vaugirard, n. 36.

INTRODUCTION.

L'orthographe dite d'usage présente de telles difficultés qu'on ne l'acquiert généralement que par une longue habitude ; encore est-il peu de personnes, instruites d'ailleurs, qui la sachent parfaitement.

Le but de ce MANUEL est de faire acquérir cette orthographe par la seule pratique.

Cet opuscule présente donc une série de mots à difficultés, qu'on fera lire, épeler et copier jusqu'à ce que l'orthographe en soit familière.

Voici le plan que j'ai adopté dans la nomenclature, qui a dû nécessairement être bornée.

1º Je n'y ai fait entrer que ceux des dérivés qui pouvaient présenter quelque difficulté relativement à l'étymologie ; ainsi l'on y trouve *bacchanal* (bruit) et *bacchante*, et non *appartenance*, *amorcer*, etc., qui dérivent évidemment d'*appartenir*, *amorce*, mots qui font partie de cette nomenclature.

2º Je n'ai pas non plus cité les mots dont la dérivation indique suffisamment l'orthographe, comme *grand*, *petit*, *champ*, *chant*, etc.

3º Quand il s'est présenté un homonyme, je l'ai fait suivre d'un ou de plusieurs mots qui en déterminent le sens, comme autel *consacré* ; hôtel, *maison*.

Les mots entre deux parenthèses doivent précéder ceux auxquels ils servent d'explication, comme : balais (*rubis*).

4º J'ai cité quelques mots tels que *café*, *cravate*, *bière*, etc., qui ne présentent point de difficultés orthographiques, mais qu'on voit souvent mal écrits.

5º J'ai cru devoir mettre aussi les mots que l'analogie ou la dérivation porterait à mal orthographier, comme *clientèle*, *comète*, *brelan*, etc.

6º Les mots les moins usuels et dont la connaissance n'est pas la première à acquérir, sont précédés d'un ou de deux astérisques ; on peut se dispenser de les faire d'abord apprendre.

7º Les mots les plus usuels, ceux sur lesquels on doit d'abord exercer les élèves, sont précédés d'un point.

Dans cette nomenclature, il y a des mots que j'ai cru de-

INTRODUCTION.

voir omettre, et d'autres sans doute que j'ai oubliés; mais ils doivent être en petit nombre.

Il faut savoir l'orthographe initiale d'un mot pour le trouver dans un dictionnaire; aussi les enfants, ainsi que les personnes qui ignorent cette orthographe, sont-ils souvent fort embarrassés pour trouver un mot. J'ai remédié à cet inconvénient, en indiquant au bas de la page les syllabes homonymes auxquelles il faut avoir recours. Cette heureuse amélioration met ce Manuel à la portée des plus ignorants, entre les mains desquels un dictionnaire est presque toujours un instrument inutile.

Pour l'enseignement de l'orthographe relative (c'est-à-dire de l'orthographe grammaticale) on peut tirer un excellent parti de ce Manuel.

1° *Pour le pluriel des substantifs*, on dicte des phrases courtes où figurent les substantifs les plus usuels de cet ouvrage.

2° *Pour l'accord de l'adjectif*, on choisit de même des adjectifs familiers qu'on fait entrer dans des phrases où ils se trouvent en concordance avec des substantifs.

3° *Pour la conjugaison*,

1° On choisit six verbes qu'on fait conjuguer ensemble de manière à ne présenter que l'étendue d'un seul.

2° On fait mettre à telle personne et à tel nombre une série déterminée de verbes.

3° Enfin on fait des dictées où figurent à un mode déterminé les principaux verbes de cet ouvrage.

Dans tous ces exercices, on doit astreindre l'élève à corriger lui-même ses fautes, en lui fesant chercher les mots dans son Manuel, et en appelant sans cesse son attention sur l'application des règles grammaticales.

On ne se fait pas idée des avantages qu'on peut retirer de tels exercices, surtout s'ils sont multipliés et convenablement gradués.

AVIS.

Les professeurs qui font usage de la *Cacographie* trouveront chez le même libraire une petite brochure renfermant les mots de ce Manuel exactement écrits d'après leur prononciation.

MANUEL

DU JEUNE ORTHOGRAPHISTE

CU

VOCABULAIRE DES MOTS A DIFFICULTÉS ORTHOGRAPHIQUES.

ABRÉVIATIONS : *s.*, substantif ; *adj.*, adjectif ; *adj. num.*, adjectif numéral ; *pron.*, pronom ; *v.*, verbe ; *adv.*, adverbe ; *prép.*, préposition ; *conj.*, conjonction ; *excl.*, exclamation.

Pour l'explication des points et des astérisques, voyez l'*Introduction*.

A

AB	AB, AC
. abaisser, *v.*	. absinthe, *s. f.*
abasourdir, *v.*	. abstinence, *s. f.*
*abatage, *s. m.*	abstrait, *adj.*
abatis, *s. m.*	
. abat-jour, *s. m.*	20
. abattre, *v.*	acabit, *s. m.*
*abbatial, *adj.*	. acacia, *s. m.*
abbaye, *s. f.*	. académicien, *s. m.*
. abcès, *s. m.*	*acanthe, *s. f.*
abécédaire, *s. m.*	. acariâtre, *adj.*
**abdomen, *s. m.*	. accabler, *v.*
. abhorrer, *v.*	accaparer, *v.*
. abîme, *s. m.*	accéder, *v.*
abject, *adj.*	accélérer, *v.*
. abonner, *v.*	. accent, *s. m.*
. abri, *s. m.*	. accepter, *v.*
. absence, *s. f.*	. accès, *s. m.*
Voyez ha	*Voyez* ha

accessit, *s. m.*
accessoire, *adj.* et *s.*
. accident, *s. m.*
acclamation, *s. f.*
acclimater, *v.*
accolade, *s. f.*
. accommoder, *v.*
. accompagner, *v.*

40

. accomplir, *v.*
. accord, *union*, *s. m.*
accoster, *v.*
accoter, *v.*
. accoucher, *v.*
accoupler, *v.*
. accourcir, *v.*
. accourir, *v.*
accoutrer, *v.*
. accoutumer, *v.*
accréditer, *v.*
. accroc, *s. m.*
accroire, *v.*
. accroître, *v.*
accroupir (*s'*), *v.*
. accueil, *s. m.*
*acculer, *v.*
accumuler, *v.*
accusatif, *s. m.*
. accuser, *v.*

60

**acenser, *v.*
**acéphale, *adj.*
*acerbe, *adj.*
*acéré, *adj.*
*acétate, *s. m.*

. achat, *s. m.*
*achoppement, *s. m.*
**achromatique, *adj.*
. acide, *adj.* et *s.*
. acier, *s. m.*
*acolyte, *s. m.*
*acoquiner, *v.*
. acquérir, *v.*
**acquêts, *s. m. pl.*
acquiescer, *v.*
. acquitter, *v.*
âcreté, *s. f.*
actionnaire, *s. m.*
. addition, *s. f.*
adhérence, *s. f.*

80

adhésion, *s. f.*
adjacent, *adj.*
. adolescent, *s. m.*
. adoucir, *v.*
. adversaire, *s. m.*
*aérolithe, *s. f.*
*aéronaute, *s. m.*
*aérostat, *s. m.*
. affable, *adj.*
affadir, *v.*
. affaiblir, *v.*
. affaire, *s. f.*
affaisser, *v.*
. affamer, *v.*
. affecter, *v.*
affermer, *v.*
. affermir, *v.*
*afféterie, *s. f.*
. afficher, *v.*

Voyez ha

affidé, *adj.* et *s.*

100

affiler, *v.*
affiner, *v.*
affiquet, *s. m.*
. affirmer, *v.*
. affliction, *s. f.*
affluence, *s. f.*
*affoler, *v.*
*affourcher, *v.*
. affranchir, *v.*
**affres, *s. f.*
. affreux, *f.* affreuse, *adj.*
affriander, *v.*
*affrioler, *v.*
. affront, *s. m.*
affubler, *v.*
. affût, *s. m.*
afin *que, conj.*
afistoler, *v.*
. africain, *adj.*
. agacer, *v.*

120

. âge, *s. m.*
agenda, *s. m.*
agent, *s. m.*
*agglomérer, *v.*
*agglutiner, *v.*
aggraver, *v.*
*agio, *s. m.*
. agneau, *s. m.*
. agrafe, *s. f.*
*agraire, *adj.*
*agrès, *s. m. pl.*
agression, *s. f.*

agripper, *v.*
. aguerrir, *v.*
. ahurir, *v.*
ahi! *excl.*
aider, *v.*
. aïeul, *s. m.*
**aiguayer *du linge, v.*
. aigle, *s. m.* et *f.*

140

. aigre, *adj.*
aigrette, *s. f.*
. aigu, *f.* aiguë, *adj.*
. aiguille, *s. f.*
ail, *pl.* aulx, *s. m.*
. aile *d'oiseau, s. f.*
. ailleurs, *adv.*
. aimable, *adj.*
. aimant, *s. m.* et *adj.*
. aimer, *v.*
*aine, *s. f.*
. aîné, *adj.*
. ainsi, *adv.*
. air *pur, s. m.*
. airain, *s. m.*
aire *plane, s. f.*
. ais, *s. m.*
. aise, *adj.* et *s.*
aisselle, *s. f.*
alambic, *s. m.*

160

alarme, *s. f.*
albâtre, *s. m.*
*albinos, *s. m.*
. album, *s. m.*
*alcohol, *s. m.*

Voyez ha , he, e

*alcyon, *s. m.*
alêne, *outil*, *s. f.*
. alentours (*les*), *s. m.*
alèze, *s. f.*
*alezan, *adj.*
*alguazil, *s. m.*
aligner, *v.*
. alimentaire, *adj.*
*aliquote, *adj.*
*alizé, *adj.*
*alkermès, *s. m.*
. allaiter, *v.*
allécher, *v.*
alléger, *v.*
allégorie, *s. f.*

180

allégresse, *s. f.*
alléguer, *v.*
alléluia, *s. m.*
. allemand, *adj.* et *s.*
. aller, *v.*
*alleu (*franc*), *s. m.*
allier, *v.*
allouer, *v.*
. allumer, *v.*
allure, *s f.*
allusion, *s. f.*
. almanach, *s. m.*
aloès, *s. m.*
. alonger, *v.*
. alors, *adv.*
aloyau, *s. m.*
. alphabet, *s. m.*
*amadis, *s. m.*
*amarrer, *v.*
Voyez ha

amazone, *s. f.*

200

. ambassadrice, *s. f.*
. ambitieux, *adj.*
ambulance, *s. f.*
amen, *s. m.*
. amende, *peine*, *s. f.*
amender, *v.*
. amer, *f.* amère, *adj.*
. américain, *adj.*
améthyste, *s. f.*
*amidonier, *s. m.*
amirauté, *s. f.*
. amitié, *s. f.*
*ammoniac, *adj.*
. amollir, *v.*
amonceler, *v.*
. amorce, *s. f.*
. amphibie, *adj.*
amphibologie, *s. f.*
amphigouri, *s. m.*
. amphithéâtre, *s. m.*

220

*amphitryon, *s. m.*
*amphore, *s. f.*
*amulette, *s. m.*
amygdales, *s. f. pl.*
anachorète, *s. m.*
anachronisme, *s. m.*
*anagramme, *s. f.*
. analyse, *s. f.*
ananas, *s. m.*
anathème, *s. m.*
. ancêtres, *s. m. pl.*
. anchois, *s. m.*
Voyez en, em, han

ancien, *f.* ancienne, *adj.*
*"andain, *s. m.*
âne, *s. m.*
angélus, *s. m.*
angoisse, *s. f.*
angulaire, *adj.*
anis, *s. m.*
*ankylose, *s. f.*

240

anneau, *s. m.*
année, *s. f.*
*annexer, *v.*
*annihiler, *v.*
anniversaire, *adj.* et *s.*
annonce, *s. f.*
annoter, *v.*
annuaire, *s. m.*
annulaire, *adj.* et *s.*
annuler, *v.*
anoblir, *v. donner le titre de noble.*
anonyme, *adj.* et *s.*
anse, *s. f.*
antécédent, *adj.*
*antenne, *s. f.*
**anthère, *s. f.*
**anthologie, *s. f.*
anthropophage, *s. m.*
anticiper, *v.*
antienne, *s. f.*

260

antipathie, *s. f.*
antiphrase, *s. f.*
antiquaille, *s. f.*
Voyez en, em, han

antiquaire, *s. m.*
antithèse, *s. f.*
août, *s. m.*
apaiser, *v.*
apathie, *s. f.*
apercevoir, *v.*
apetisser, *v.*
*aphélie, *s. m.*
*aphonie, *s. f.*
*aphorisme, *s. m.*
aphtes, *s. m. pl.*
apitoyer, *v.*
aplanir, *v.*
aplatir, *v.*
aplomb, *s. m.*
apocalypse, *s. f.*
*apocryphe, *adj.*

280

*apophthegme, *s. m.*
apostat, *s. m.*
apostille, *s. f.*
apostrophe, *s. f.*
apothéose, *s. f.*
apothicaire, *s. m.*
apôtre, *s. m.*
apparaître, *v.*
apparat, *s. m.*
appareil, *s. m.*
apparence, *s. f.*
*apparier, *v.*
apparition, *s. f.*
appartement, *s. m.*
appartenir, *v.*
appas, *charmes, s. m.*
appât, *pâture, s. m.*
appauvrir, *v.*
Voyez ha, en

. appeler, *v.*
*appendice, *s. m.*

3oo

appentis, *s. m.*
appesantir, *v.*
. appétit, *s. m.*
. applaudir, *v.*
. appliquer, *v.*
*appointer, *v.*
. apporter, *v.*
apposer, *v.*
. apprécier, *v.*
. appréhender, *v.*
. appréhension, *s. f.*
. apprendre, *v.*
. apprenti, *s. m.*
. apprêt, *préparation,* *s. m.*
. apprivoiser, *v.*
. approbation, *s. f.*
. approcher, *v.*
approfondir, *v.*
approprier, *v.*
. approuver, *v.*

32o

. approvisionner, *v.*
approximatif, *adj.*
. appui, *s. m.*
. appui-main, *s. m.*
âpre, *adj.*
. après, *prép.*
aqueduc, *s. m.*
. araignée, *s. f.*
. arbalète, *s. f.*
arbitraire, *adj.*
Voyez ha

. arbrisseau, *s. m.*
archange, *s. m.*
arceau, *s. m.*
archer, *s. m.*
*archiépiscopal, *adj.*
*archonte, *s. m.*
arçon, *s. m.*
. ardemment, *adv.*
. ardent, *adj.*
are, *mesure, s. m.*

34o

arène, *s. f.*
. arête *de poisson, s. f.*
. argent, *s. m.*
argot, *s. m.*
argumenter, *v.*
argus, *s. m.*
*argutie, *s. f.*
. arithmétique, *s. f.*
aristocratie, *s. f.*
**armillaire, *adj.*
armistice, *s. m.*
. arpent, *s. m.*
. arracher, *v.*
. arranger, *v.*
. arrêt, *s. m.*
. arrhes, *assurance, s. f. pl.*
. arrière *(en), adv.*
. arriver, *v.*
. arrogant, *adj.*
arroger *(s'), v.*

36o

. arrondir, *v.*
. arroser, *v.*
Voyez ha

. arsenal, *s. m.*
. arsenic, *s. m.*
. art *utile*, *s. m.*
. artichaut, *s. m.*
. artifice, *s. m.*
. as, *s. m.*
ascendant, *s. m.* et *adj.*
ascension, *s. f.*
*ascétique, *adj.*
. asile, *s. m.*
. aspect, *s. m.*
aspersion, *s. f.*
*asphodèle, *s. m.*
asphyxie, *s. f.*
. assaisonner, *v.*
. assassinat, *s. m.*
. assaut, *s. m.*
. assembler, *v.*

380

assentiment, *s. m.*
. asseoir, *v.*
assermenté, *adj.*
. assertion, *s. f.*
. assez, *adv.*
. assiettée, *s. f.*
assignat, *s. m.*
. associé, *adj.* et *s.*
. assommer, *v.*
. assujettir, *v.*
*astérisque, *s. m.*
. asthme, *s m.*
*astragale, *s. m.*
*astreindre, *v.*
*astringent, *adj.*
astuce, *s. f.*
. atelier, *s. m.*

Voyez ha

athée, *s. m.*
*athénée, *s. m.*
. athlète, *s. m.*

400

. atlas, *s. m.*
. atmosphère, *s. f.*
atout, *s. m.*
atrabilaire, *adj.*
. atroce, *adj.*
. attache, *s. f.*
. attaquer, *v.*
. atteindre, *v.*
. atteler, *v.*
. attendre, *v.*
. attendrir, *v.*
. attentat, *s. m.*
. attente, *s. f.*
. attention, *s. f.*
atténuer, *v.*
. atterrer, *v.*
. attester, *v.*
attiédir, *v.*
attifer, *v.*
. attirail, *s. m.*

420

. attirer, *v.*
attiser, *v.*
attitré, *adj.*
. attitude, *s. f.*
attouchement, *s. m.*
*attractif, *adj.*
. attrait, *s. m.*
. attraper, *v.*
. attribuer, *v.*
attribut, *s. m.*

Voyez ha

. attrister, *v.*
attrition, *s. f.*
. attrouper, *v.*
aubade, *s. f.*
aubaine, *s. f.*
aube, *s. f.*
. aubépine, *s. f.*
. auberge, *s. f.*
aubier, *s. m.*
. aucun, *adj. num.*

440

. audace, *s. f.*
. audience, *s. f.*
. auditoire, *s. m.*
. auge, *s. f.*
. augmenter, *v.*
. augure, *s. m.*
. auguste, *adj.*
. aujourd'hui, *adv.*
. aumône, *s. f.*
*aumusse, *s. f.*
. aune, *s. m. et f.*
. auparavant, *adv.*
. auprès *de, prép.*
auréole, *s. f.*
*auriculaire, *adj.*
*aurifère, *adj.*
. aurore, *s. f.*
. auspice, *présage, s. m.*
. aussi, *adv.*
. aussitôt, *adv.*

460

austère, *sévère, adj.*
austral, *adj.*

autan, *vent, s. m.*
. autant, *également, adv.*
. autel *consacré, s. m.*
. auteur *d'un livre, s. m.*
authentique, *adj.*
*autocrate, *s. m.*
*autographe, *adj.*
. automate, *s. m.*
. automne, *s. m.*
*autopsie, *s. f.*
. autoriser, *v.*
. autour, *prép. et s. m.*
. autre, *adj.*
. autruche, *s. f.*
. autrui, *pron. indéf.*
. auvent, *s. m.*
. auvergnat, *s. m.*
auxiliaire, *adj.*

480

. avance, *s. f.*
. avarice, *s. f.*
avarie, *s. f.*
. aveindre, *v.*
avent *(l'), s. m.*
. aventure, *s. f.*
aventurine, *s. f.*
. averse, *s. f.*
. aversion, *s. f.*
. avis, *s. m.*
. avocat, *s. m.*
*azerole, *s. f.*
*azote, *s. m.*
. azur, *s. m.*
*azyme, *adj.*

Voyez o, ho, hau, ha, ahu

B

*babeurre, s. m.
. babil, s. m.
*baccalauréat, s. m.
. bacchanal, *bruit*, s. m.
bacchante, s. f.

500

**baccifère, adj.
badaud, s. m.
badigeon, s. m.
bâfrer, v.
. bagarre, s. f.
baguenaudier, s. m.
*bahut, s. m.
bai (*cheval*), adj.
. baie, *ouverture*, s. f.
. baigner, v.
. bâiller, v.
. bain, s. m.
. baïonnette, s. f.
**bairam, s. m.
. baiser, v.
. baisser, v.
. balai *de crin*, s. m.
*balais (*rubis*), adj.
. balançoire, s. f.
. balbutier, v.

520

. baleine, s. f.
baliveau, s. m.
. ballade, s. f.
. balle *ronde*, s. f.
. ballet, *danse*, s. m.
Voyez bc

. ballon, s. m.
. ballot, s. m.
ballotter, v.
balsamine, s. f.
ban *de mariage*, s. m.
banal, adj.
. banc *pour s'asseoir*, s. m.
. bandeau, s. m.
. banderole, s. f.
. bandit, s. m.
. baptême, s. m.
baptistère, adj.
*baratte, s. f.
. barbotter, v.
*bardot, *petit mulet*, s. m.

540

. baril, s. m.
. barre, s. f.
. barreau, s. m.
. barrière, s. f.
. barrique, s. f.
basane, s. f.
. bas, adj. et s.
. basse, s. f.
. bât *d'âne*, s. m.
. bataille, s. f.
. bateau, s. m.
. bâtir, v.
. bâton, s. m.
. batterie, s. f.
. battre, v.
Voyez baz

. baudet, *s. m.*
. baudrier, *s. m.*
*bauge, *s. f.*
. baume, *s. m.*
bazar, *s. m.*

560

. beaucoup, *adv.*
. beauté, *s. f.*
bécarre *en musique,*
  s. m.
. bécasse, *s. f.*
. bêche, *s. f.*
. becqueter, *v.*
bedaine, *s. f.*
bedeau, *s. m.*
beffroi, *s. m.*
. bégaiement, *s. m.*
. bégayer, *v.*
. beignet, *s. m.*
. bêler, *v.*
. bélier, *s. m.*
. belvéder, *s. m.*
. bénédicité, *s. m.*
. bénéfice, *s. m.*
. benêt, *adj. et s.*
bénévole, *adj.*
*benjoin, *s. m.*

580

béquillard, *s. m.*
. berceau, *s. m.*
. bercer, *v.*
*berlingot, *s. m.*
. besace, *s. f.*
*besaigre, *adj.*
*bêta, *s. m.*
. bête, *adj. et s. f.*

. betterave, *s. f.*
. beurre, *s. m.*
bey *de Tunis, s. m.*
*bézoard, *s. m.*
. biais, *s. m.*
biberon, *s. m.*
bibliothécaire, *s. m.*
. bibliothèque, *s. f.*
bichot, *s. m.*
. bienfait, *s. m.*
. bienheureux, *adj.*
. bientôt, *adv.*

600

. bière, *s. f.*
*biez, *canal, s. m.*
biffer, *v.*
. bifteck, *s. m.*
. bigarreau, *s. m.*
. bigarrure, *s. f.*
bigoterie, *s. f.*
. billard, *s. m.*
billion, *nombre, s. m.*
billot, *s. m.*
biographie, *s. f.*
. bis, *deux fois, adv.*
. bisaïeul, *s. m.*
*bisaiguë, *s. f.*
. biscuit, *s. m.*
*biseau, *s. m.*
*bismuth, *s. m.*
*bissextil, *adj.*
. bizarre, *adj.*
blaireau, *s. m.*

620

. blâmer, *v.*

Voyez bo, bai, bin

. blanc, *f.* blanche, *adj.*
. blasphême, *s. m.*
. blé, *s. m.*
blême, *adj.*
blocus, *s. m.*
blottir, *v.*
. bœuf, *s. m.*
. boisseau, *s. m.*
. boîte, *s. f.*
. bombance, *s. f.*
bonace, *terme de ma-rine, s. f.*
bonasse, *sans malice, adj.*
. bonbon, *s. m.*
. bond, *saut, s. m.*
. bonheur, *s. m.*
. bonhomie, *s. f.*
. bonnet, *s. m.*
. bordereau, *s. m.*
*bosphore, *s. m.*

640

*bosseman, *s. m.*
bot (*pied*), *adj.*
. botte, *s. f.*
boucaut, *s. m.*
. bouffer, *v.*
. bouffon, *s. m.*
. bougeoir, *s. m.*
bougonner, *v.*
. bouillon, *s. m.*
**bouleux, *s. m.*
. boulevard, *s. m.*
. bouleverser, *v.*
bourdonner, *v.*
bourg *populeux, s. m.*
Voyez bau

. bourgeois, *s. m.*
. bourgeon, *s. m.*
*bourgmestre, *s. m.*
. bourrache, *s. f.*
*bourras, *s. m.*
. bourrasque, *s. f.*

660

. bourre *de soie, s. f.*
. bourreau, *s. m.*
bourrée, *s. f.*
bourreler, *v.*
. bourrer, *v.*
. bourriche, *s. f.*
. bourrique, *s. f.*
. bourse, *s. f.*
boursouffler, *v.*
.. boussole, *s. f.*
. bout *pointu, s. m.*
*bouterolle, *s. f.*
boutonner, *v.*
. boyau, *s. m.*
: bracelet, *s. m.*
**brachial, *adj.*
. braconnier, *s. m.*
**brai, *goudron, s. m.*
. braire, *v.*
. braise, *s. f.*

680

. brancard, *s. m.*
*brandebourg, *s. m.*
. bras, *s. m.*
**brassard, *s. m.*
*bréant, *s. m.*
. brebis, *s. f.*
brelan, *s. m.*

. bréviaire, *s. m.*
brick, *vaisseau*, *s. m.*
. broc, *s. m.*
brocard, *raillerie*, *s. m.*
brocart, *étoffe*, *s. m.*
. brodequin, *s. m.*
. broderie, *s. f.*
brouhaha, *s. m.*
. brouillard, *s. m.*
brout, *pousse d'arbre*,
  s. m.
. bru, *s. f.*
bruire, *v.*
. bruit, *s. m.*

700

. brûler, *v.*

. brûlot, *s. m.*
brut, *adj.*
buanderie, *s. f.*
*bubale, *s. m.*
*buccin, *s. m.*
. bûcher, *s. m.*
. buffet, *s. m.*
. buffle, *s. m.*
. buis, *s. m.*
*buissonnier, *adj.*
bulle, *s. f.*
. bulletin, *s. m.*
. bureau, *s. m.*
*bureaucratie, *s. f.*
. but *atteint*, *s. m.*
. butte, *s. f.*
buvotter, *v.*

C

CA

ça (pour *cela*), *pron.*
çà (*viens çà*), *adv.*

720

çà et là, *adv.*
*cabas, *s. m.*
*cabillaud, *s. m.*
câble, *s. m.*
*cabus (*chou*), *adj.*
cacao, *s. m.*
*cachalot, *s. m.*
. cachot, *s. m.*
cachotterie, *s. f.*
*cacique, *s. m.*
  Voyez qu, k, ch, sa

CA

cacochyme, *adj.*
. cacophonie, *s. f.*
. cadeau, *s. m.*
. cadenas, *s. m.*
. cadence, *s. f.*
caduc, *f.* caduque, *adj.*
caducée, *s. m.*
. café, *s. m.*
. cahier, *s. m.*
*cahin-caha, *adv.*

740

. cahot *d'une voiture*,
  s. m.
. cahutte, *s. f.*

caillot, *s. m.*

. caillou, *s. m.*; *pl. des* cailloux.

caisse, *s. f.*

calciner, *v.*

calcul, *s. m.*

calebasse, *s. f.*

. caleçon, *s. m.*

. calembourg, *s. m.*

calembredaine, *s. f.*

*calendes, *s. f. pl.*

. calendrier, *s. m.*

calepin, *s. m.*

. calice, *s. m.*

. calicot, *s. m.*

calife, *s. m.*

câlin, *adj.*

. calotte, *s. f.*

calus, *s. m.*

760

. calvaire, *s. m.*

calville, *s. f.*

calvitie, *s. f.*

cambouis, *s. m.*

camée, *s. m.*

. camelot, *s. m.*

. camp *d'une armée*, *s. m.*

. camphre, *s. m.*

campos, *congé*, *s. m.*

. cancer, *s. m.*

candidat, *s. m.*

. cane, *oiseau*, *s. f.*

. canevas, *s. m.*

canezou, *s. m.*

. canne, *bâton*, *s. f.*

. cannelle, *s. f.*

*canonique, *adj.*

canonnade, *s. f.*

. canot, *bateau*, *s. m.*

cantharide, *s. f.*

780

capacité, *s. f.*

caparaçon, *s. m.*

cape, *manteau*, *s. f.*

capillaire, *adj.* et *s.*

capot, *adj.*

. capitaine, *s. m.*

câpre, *s. f.*

. caprice, *s. m.*

captieux, *adj.*

. carafe, *s. f.*

*carat, *s. m.*

. carême, *s. m.*

carène, *s. f.*

. carotte, *s. f.*

. carquois, *s. m.*

. carré, *adj.* et *s.*

. carrefour, *s. m.*

. carreler, *v.*

. carrelet, *s. m.*

. carrick, *s. m.*

800

. carrière, *s. f.*

. carriole, *s. f.*

. carrosse, *s. m.*

*carrousel, *s. m.*

. casserole, *s. f.*

. cassis, *s. m.*

. cassonade, *s, f.*

. catarrhe, *s. m.*

. catastrophe, *s. f.*

Voyez qu; k, ch

catéchumène, *s. m.*
. cathédrale, *s. f.*
. catholique, *adj.* et *s.*
cauchemar, *s. m.*
. cause, *s. f.*
caustique, *adj.* et *s.*
. cautère, *s. m.*
. caution, *s. f.*
. caveau, *s. m.*
*céans, (*maître de*), *adv.*
ceci, *pron.*

820

cécité, *s. f.*
. céder, *v.*
cédille, *s. f.*
. cèdre, *s. m.*
. ceindre, *v.*
ceinture, *s. f.*
cela, *pron.*
. célèbre, *adj.*
céler, *v.*
. céleri, *s. m.*
célérifère, *s. m.*
. céleste, *adj.*
. célibataire, *adj.* et *s.*
. cellier, *cave*, *s. m.*
. cellule, *s. f.*
celui, *pron.*
*cément, *s. m.*
*cénacle, *s. m.*
. cendre, *s. f.*
cène, *souper*, *s. f.*

840

cénobite, *s. m.*
Voyez sé, sco, sc

cénotaphe, *s. m.*
cens, *déclaration, ren-*
   te, *s. m.*
censé, *estimé, adj.*
. censeur, *s. m.*
. cent, *nombre, adj. num.*
. centaine, *s. f.*
centaure, *s. m.*
centenaire, *adj.* et *s.*
. centime, *s. m.*
. centre, *s. m.*
. cep *de vigne*, *s. m.*
. cependant, *adv. et conj.*
*céphalique, *adj.*
cérat, *s. m.*
. cerceau, *s. m.*
. cercle, *s. m.*
. cercueil, *s. m.*
. cérémonie, *s. f.*
. cerf, *animal*, *s. m.*

860

. cerfeuil, *s. m.*
. cerise, *s. f.*
. cerneau, *s. m.*
cerner, *v.*
. certain, *adj.*
. certes, *adv.*
céruse, *s. f.*
. cerveau, *s. m.*
. cervelas, *s. m.*
. cesser, *v.*
cession, *transport, s. f.*
*ceste, *s. m.*
. chaîne *d'acier*, *s. f.*
. chaire, *siége élevé, s. f.*
Voyez sé, se, sc

. chair, *partie du corps,*
   s. f.
. chaise, *s. f.*
. châle, *s. m.*
. chalumeau, *s. m.*
chamarrer, *v.*
chambellan, *s. m.*

880

. chamois, *s. m.*
. champêtre, *adj.*
. chance, *s. f.*
. chanceler, *v.*
chancellerie, *s. f.*
**chanfrein, *s. m.*
*chanteau, *s. m.*
. chaos, *confusion, s. m.*
chapelain, *s. m.*
. chapelet, *s. m.*
chaperon, *s. m.*
chapiteau, *s. m.*
charançon, *s. m.*
. chariot, *s. m.*
. charpentier, *s. m.*
. charretée, *s. f.*
. charrette, *s. f.*
charrier, *v.*
. charroi, *s. m.*
charrue, *s. f.*

900

châsse, *reliquaire, s. f.*
. chasselas, *s. m.*
. châssis, *s. m.*
. châtaigne, *s. f.*
. châtain, *adj. m.*
. château, *s. m.*

châtelain, *adj. et s.*
. chat-huant, *s. m.*
. châtier, *v.*
. chatte, *s. f.*
*chattemite, *s. f.*
. chaud, *adj. et s.*
. chaudron, *s. m.*
. chauffer, *v.*
. chaufferette, *s. f.*
. chaume, *s. m.*
. chausse, *s. f.*
chaussée, *s. f.*
. chauve, *adj.*
. chaux *vive, s. f.*

920

. chef-d'œuvre, *s. m.*
. chêne, *arbre, s. m.*
chenevis, *s. m.*
*chenevotte, *s. f.*
. chenil, *s. m.*
. cher, *f.* chère, *adj.*
chère, *bonne chère, s. f.*
*chersonèse, *s. f.*
. cherté, *s. f.*
*chervis, *s. m.*
. chevreau, *s. m.*
chevrotain, *s. m.*
. chez, *prép.*
chicot, *s. m.*
. chiendent, *s. m.*
. chiffonner, *v.*
. chiffre, *s. m.*
. chiquenaude, *s. f.*
. chœur, *de musique,*
   s. m.
Voyez chai, chau, sch

. choix, *s. m.*

940

*choléra morbus, *s. m.*
chômer, *v.*
chopper, *v.*
choriste, *s. m.*
. chorus, *s. m.*
chrême (*saint*), *s. m.*
. chrétien, *adj.* et *s.*
. christ, *s. m.*
chronologie, *s. f.*
chronique, *s. f.*
*chrysalide, *s. f.*
*chyle, *s. m.*
ciboire, *s. m.*
. ciboule, *s. f.*
. cicatrice, *s. f.*
. cidre, *s. m.*
. ciel, *s. m.*
. cierge, *s. m.*
. cigale, *s. f.*
. cigarre, *s. m.*

960

cigogne, *s. f.*
. ciguë, *s. f.*
. cil, *s. m.*
cilice, *s. m.*
cime, *s. f.*
. ciment, *s. m.*
. cimeterre, *s. m.*
. cimetière, *s. m.*
'cimier, *s. m.*
*cinabre, *s. m.*
*cinéraire, *adj.*
cingler, *v.*
Voy. chau, si, sy, sci

*cinnamome, *s. m.*
. cinq, *adj. num.*
cintre, *s. m.*
. circonférence, *s. f.*
. circonstance, *s. f.*
circuit, *s. m.*
. cire *à cacheter*, *s. f.*
ciron, *s. m.*

980

cirque, *s. m.*
. ciseau, *s. m.*
. citadelle, *s. f.*
. cité, *ville*, *s. f.*
. citer, *v.*
*citérieur, *adj.*
citerne, *s. f.*
. citoyen, *adj.* et *s.*
. citronnier, *s. m.*
citrouille, *s. f.*
. civet, *s. m.*
civette, *s. f.*
civière, *s. f.*
. civil, *adj.*
clabauder, *v.*
. clair, *éclatant*, *adj.*
clairon, *s. m.*
claquemurer, *v.*
. clarté, *s. f.*
clause, *s. f.*

1000

clavecin, *s. m.*
. clef, *s. f.*
. clémence, *s. f.*
. clerc *d'avoué*, *s. m.*
. clientèle, *s. f.*
Voyez si, sy, sci

clinquant, *s. m.*
cliquetis, *s. m.*
cloaque, *s. m.*
clocher, *s. m.*
cloître, *s. m.*
clorre, *v.*
clôture, *s. f.*
clystère, *s. m.*
*coccinelle, *s. f.*
cocher, *s. m.*
cochléaria, *s. m.*
coco, *s. m.*
côction, *s. f.*
codicille, *s. m.*
cœur, *partie du corps,*
 s. m.

1020

coffre, *s. m.*
*cohésion, *s. f.*
cohorte, *s. f.*
cohue, *s. f.*
coiffe, *s. f.*
coïncider, *v.*
collatéral, *adj.*
collation, *s. f.*
colle *forte, s. f.*
collége, *s. m.*
collègue, *s. m.*
collerette, *s. f.*
collet, *s. m.*
collier, *s. m.*
colline, *s. f.*
colloque, *s. m.*
*collyre, *s. m.*
colonie, *s. f.*
 Voyez quo., cau

colonne, *s. f.*
colophane, *s. f.*

1040

coloris, *s. m.*
comédie, *s. f.*
comestibles, *s. m. pl.*
comète, *s. f.*
*comices, *s. m. pl.*
commander, *v.*
comment, *adv.*
comme, *adv. et conj.*
commencer, *v.*
*commensal, *adj. et s.*
commentaire, *s. m.*
commerce, *s. m.*
communiquer, *v.*
comparaître, *v.*
compter, *calculer, v.*
conquête, *s. f.*
comte, *titre, s. m.*
concentrer, *v.*
concert, *s. m.*
concevoir, *v.*

1060

concierge, *s. m.*
concilier, *v.*
concis, *adj.*
concours, *s. m.*
concupiscence, *s. f.*
concurrence, *s. f.*
concussion, *s. f.*
condamner, *v.*
condenser, *v.*
condescendance, *s. f.*
condisciple, *s. m.*

. condition, *s. f.*
cône, *s. m.*
. conférence, *s. f.*
. confident, *adj.* et *s.*
conflit, *s. m.*
confluent, *s. m.*
congrès, *s. m.*
. conjecture, *s. f.*
. connaissance, *s. f.*

1080

. connaître, *v.*
connétable, *s. m.*
connexion, *s. f.*
connivence, *s. f.*
. conquête, *s. f.*
. conscience, *s. f.*
. conscrit, *s. m.*
. conseil, *s. m.*
. consentir, *v.*
conséquent, *adj.*
. conserver, *v.*
. considérer, *v.*
. consigner, *v.*
consistoire, *s. m.*
. constamment, *adv.*
. consommer, *v.*
. consonne, *s. f.*
consulat, *s. m.*
. contempler, *v.*
contemporain, *adj.* et *s.*

1100

*contendant, *adj.*
. content, *satisfait, adj.*
contentieux, *adj.* et *s.*
contention, *s. f.*

continence, *s. f.*
. continent, *adj.* et *s. m.*
. contorsion. *s. f.*
. contraindre, *v.*
. contraire, *adj.*
. contrat, *s. m.*
contravention, *s. f.*
contrition, *s. f.*
contrôle, *s. m.*
contumace, *adj.*
. convaincre, *v.*
. convalescence, *s. f.*
. convention, *s. f.*
. convulsion, *s. f.*
. copeau, *s. m.*
. coq, *oiseau*, *s. m.*

1120

. coquelicot, *s. m.*
. coqueluche, *s. f.*
coquemar, *s. m.*
*coquesigrue, *s. f.*
coquetterie, *s. f.*
*coquillier, *s. m.*
. corbeau, *s. m.*
corbillard, *s. m.*
coriace, *adj.*
. corps *vivant*, *s. m.*
. corpulence, *s. f.*
. correct, *adj.*
. correspondre, *v.*
. corridor, *s. m.*
. corriger, *v.*
. corrompre, *s. m.*
. corroyeur, *s. m.*
. corsaire, *s. m.*
. corset, *s. m.*

Voyez cau

*cortès, *s. f. pl.*, m.
au sing.

1140

coryphée. *s. m.*
. côte, *s. f.*
. coteau, *s. m.*
coterie, *s. f.*
cothurne, *s. m*
. cotte, *vétement*, *s. f.*
cou-de-pied, *s. m.*
*couci-couci, *adv.*
couenne, *s. f.*
. coulis, *adj.* et *s. m.*
. coup, *contusion*, *s. m.*
. couronne, *s. f.*
. courrier, *s. m.*
. courroux, *s. m.*
. courroie, *s. f.*
. courroucer, *v.*
. cours *d'un fleuve*, *s. m.*
. course, *s. f.*
. couteau, *s. m.*
. coutelas, *s. m.*

1160

. coûter, *v.*
. coutil, *s. m.*
*couvain, *s. m.*
. couvent, *s. m.*
. craindre, *v.*
. crâne, *s. m.*
*cratère, *s. m.*

Voyez cau

. cravate, *s. f.*
. crédit, *s. m.*
. crême *blanche*, *s. f.*
créneau, *s. m.*
. crêpe, *s. m.* et *f.*
. crête, *s. f.*
cric, *machine*, *s. m.*
. croc, *s. m.*
. croître, *v.*
. croix, *s. f.*
. croquis, *s. m.*
. crotte, *s. f.*
. croup, *maladie*, *s. m.*

1180

. croûte, *s. f.*
. cruauté, *s. f.*
. crucifix, *s. m.*
*crystallin, *adj.* et *s. m.*
. cueillir, *v.*
: cuiller, *s. f.*
. cuire, *v.*
culot, *s. m.*
. culotte, *s. f.*
curatelle, *s. f.*
**cycle, *s. m.*
*cyclope, *s. m.*
. cygne, *oiseau*, *s. m.*
. cylindre, *s. m.*
*cymaise, *s. f.*
cymbale, *s. f.*
cynique, *adj.*
. cyprès, *s. m.*

Voyez ci, si

D

*dadais, *s. m.*
. daigner, *v.*

1200

. daim, *s. m.*
daine, *s. f.*
. dais *brodé, s. m.*
. dalle, *s. f.*
*dam (*peine du*), s. m.*
damas, *s. m.*
. damner. *v.*
. dans *la cour, prép.*
danse *légère, s. f.*
. dard, *s. m.*
. datte, *fruit, s. f.*
daube, *s. f.*
. dauphin, *s. m.*
. débâcle, *s. f.*
. débarras, *s. m.*
. débauche, *s. f.*
débat, *s. m.*
*déblai, *s. m.*
déboîter, *v.*
débonnaire, *adj.*

1220

. debout, *adj.*
débours, *s. m.*
. décéder, *v.*
déceler, *v.*
. décemment, *adv.*
*décemvir, *s. m.*
. décence, *s. f.*
. décerner, *v.*
Voyez dai, do, des, den

. décès, *s. m.*
décevoir, *v.*
. décider, *v.*
déciller, *v.*
décime, *s. m.*
. décoller, *v.*
. décombres, *s. m. pl.*
*décorum, *s. m.*
. dédain, *s. m.*
. dédale, *s. m.*
. dedans, *adv.*
dédicace, *s. f.*

1240

. dédit, *s. m.*
. défaite, *s. f.*
. défaut, *s. m.*
. défendre, *v.*
. défense, *s. f.*
déférence, *s. f.*
*défets, *terme de li-
brairie, s. m. pl.*
. déficit, *s. m.*
. défrayer, *v.*
. dégât, *s. m.*
. dégoûter, *causer du
dégoût, v.*
. dégoutter, *couler goutte à goutte, v.*
. dehors, *adv.*
. déjeûner, *v. et s. m.*
. délai, *s. m.*
. délice, *s. m. au sing.
et f. au pl.*
Voyez dai, des

. délire, *s. m.*
délit, *s. m.*
. demain, *adv.*
. démangeaison, *s. f.*

1260

. démêler, *v.*
. démence, *s. f.*
. demeure, *s. f.*
démission, *s. f.*
. dénoncer, *v.*
. denrée, *s. f.*
dense, *épais, adj.*
. dent *arrachée, s. f.*
. dentelle, *s. f.*
. départ, *s. m.*
. dépêcher, *v.*
dépêche, *s. f.*
. dépendre, *v.*
. dépens, *s. m. pl.*
. dépense, *s. f.*
dépêtrer. *v.*
. déplacer, *v.*
dépositaire, *adj. et s.*
. dépôt, *s. m.*
déprécier, *v.*

1280

. depuis, *prép.*
dérisoire, *adj.*
. derrière *la porte, prép.*
*dervis, *s. m.*
. dès *le jour, prép.*
désappointé, *adj.*
désarroi, *s. m.*
. désert, *adj. et s.*
. descendre, *v.*
Voyez dai, dan, déc

. déshabiller, *v.*
. déshériter, *v.*
désinence, *s. f.*
. désœuvré, *adj.*
. désormais, *adj.*
dessaisir, *v.*
. dessein, *projet, s. m.*
. dessert, *s. m.*
dessiller *ou mieux* dé-
ciller, *v.*
. dessous, *adv.*
. dessus, *adv.*

1300

*désuétude, *s. f.*
détente, *s. f.*
. détention, *s. f.*
détonation, *s. f.*
. détrempe, *s. f.*
. devancer, *v.*
. développer, *v.*
devis, *s. m.*
. dévoiement, *s. m.*
. dévouement, *s. m.*
dey *de Tunis, s. m.*
. diadême, *s. m.*
. diamant, *s. m.*
*diaphane, *adj.*
*diaphragme, *s. m.*
diarrhée, *s. f.*
. dictionnaire, *s. m.*
. diète, *s. f.*
diffamer, *v.*
. différence, *s. f.*

1320

. difficile, *adj.*

- difforme, *adj.*
- diffus, *adj.*
- dignitaire, *s. m.*
- digression, *s. f.*
- dîme, *s. f.*
- dimension, *s. f.*
- dîner, *v.* et *s.*
- diocèse, *s. m.*
- diphthongue, *s. f.*
- diplomatie, *s. f.*
- diplôme, *s. m.*
- discerner, *v.*
- disciple, *s. m.*
- discours, *s. m.*
- discussion, *s. f.*
- dispendieux, *adj.*
- dispensaire, *s. m.*
- dispenser, *v.*
- disperser, *v.*

1340

- dispos, *adj. m.*
- disque, *s. m.*
- dissension, *s. f.*
- dissidence, *s. f.*
- dissyllabe, *s. m.*
- distiller, *v.*
- distinct, *adj.*
- distraire, *v.*
- *dithyrambe, *s. m.*
- dividende, *s. m.*
- divorce, *s. m.*
- dix, *adj. num.*

Voyez dy

- dixième, *adj.* et *s. m.*
- dizain, *s. m.*
- docile, *adj.*
- doigt *de la main*, *s. m.*
- domaine, *s. m.*
- dôme, *s. m.*
- domicile, *s. m.*
- dommage, *s. m.*

1360

- dompter, *v.*
- donation, *s. f.*
- dot, *s. f.*
- douce, *adj. f.*
- *douvain, *s. m.*
- doux, *adj.*
- douzaine, *s. f.*
- *drachme, *s. f.*
- drapeau, *s. m.*
- *drogman, *s. m.*
- drôle, *adj.* et *s.*
- douairière, *adj.* et *s.*
- dromadaire, *s. m.*
- *dryade, *s. f.*
- *dulcinée, *s. f.*
- duplicité, *s. f.*
- durcir, *v.*
- dureté, *s. f.*
- dynastie, *s. f.*
- dyssenterie, *s. f.*

1380

- **dysurie, *s. f.*

Voyez dau

E

. eau, *liquide*, s. f.
. ébahi, *adj.*
. ébauche, s. f.
. ébène, s. f.
*éboulis, s. m.
. ébouriffé, *adj.*
ébullition, s. f.
ecce-homo, s. m.
. ecclésiastique, *adj.* et *s.*
. échafaud, s. m.
. échalas, s. m.
. échalotte, s. f.
. échapper, *v.*
échauboulure, s. f.
. échaudé, *adj.* et s. m.
. échauffer, *v.*
*échauffourée, s. f.
. échecs, *jeu,* s. m. pl.
. écheveau, s. m.

1400

. écho, *son réfléchi,* s. m.
. échoppe, s. f.
. éclair, s. m.
. éclaircir, *v.*
éclaire, *plante,* s. f.
. éclipse, s. f.
. écloppé, *adj.*
. éclore, *v.*
. écorce, s. f.
. écot *payé,* s. m.
. écriteau, s. m.
. écritoire, s. f.
. écrivain, s. m.

. écueil, s. m.
. écurie, s. f.
. édifice, s. m.
édit, s. m.
. éfaufiler, *v.*
. effacer, *v.*
.. effaroucher, *v.*

1420

. efféminé, *adj.*
** effendi, s. m.
effervescence, s. f.
. effet, s. m.
. efficace, *adj.*
** efficient, *adj.*
. effiler, *v.*
. effleurer, *v.*
* efflorescence, s. f.
. efforcer, *v.*
. effort, s. m.
. effrayer, *v.*
. effronté, *adj.*
* éfourceau, s. m.
. égard, s. m.
. égayer, *rendre gai,* v.
. égoût, s. m.
** égrappoir, s. m.
égrugeoir, s. m.
. égyptien, *adj.*

1440

. eh ! *excl.*
éjection, s. f.
. élancer, *v.*
. élémentaire, *adj.*

Voyez ai, hé

. éléphant, *s. m.*
ellébore, *s. m.*
ellipse, *s. f.*
. éloquent, *adj.*
* élysée, *s. m.*
. émanciper, *v.*
. emballer, *v.*
* embargo, *s. m.*
. embarquer, *v.*
. embarras, *s. m.*
embaucher, *v.*
. embaumer, *v.*
. embellir, *v.*
* emblavér, *v.*
* emblée (*d'*) *adv.*
. emblème, *s. m.*

1460

emboîter, *v.*
. embonpoint, *s. m.*
. embouchure, *s. f.*
. embraser, *v.*
. embrasser, *v.*
** embryon, *s. m.*
. embûche, *s. f.*
. embuscade, *s. f.*
. émeraude, *s. f.*
. émietter, *v.*
. éminence, *s. f.*
** émir, *s. m.*
émission, *s. f.*
. emmagasiner, *v.*
. emmailloter, *v.*
. emmêler, *v.*
emmieller, *v.*
emmitoufler, *v.*
émollient, *adj.*

Voyez am, an, han

** empan, *s. m.*

1480

. emparer (*s'*), *v.*
* empaumer, *v.*
. empêcher, *v.*
empeigne, *s. f.*
. empereur, *s. m.*
empêtrer, *v.*
emphase, *s. f.*
* emphytéotique, *adj.*
empiéter, *v.*
* empiffrer, *v.*
. empire, *s. m.*
. empirer, *v.*
empirique, *adj. et s.*
. emplacement, *s. m.*
. emplâtre, *s. m.*
. emplette, *s. f.*
. emplir, *v.*
. emploi, *s. m.*
. empois, *s. m.*
. empreindre, *v.*

1500

. empresser (*s'*), *v.*
. emprunt, *s. m.*
* empyrée, *ciel*, *s. m.*
. en, *dans*, *prép.*
. encaisser, *v.*
encan, *s. m.*
encaustique, *adj. et s. f.*
enceindre, *v.*
. enceinte, *adj. et s.*
. encens, *s. m.*
. enchaîner, *v.*

Voyez am, an, han

. enchère, s. f.
. enchifrené, adj.
  enclaver, v.
. enclin, adj.
. enclos, s. m.
. enclume, s. f.
. encombrer, v.
  encontre (à l'), adv.
  encolure, s. f.

1520

. encore, adv.
. encre *pour écrire*, s. f.
  encyclopédie, s. f.
  * endémique, adj.
. endêver, v.
  endive, s. f.
. endroit, s. m.
. enduit, adj. et s. m.
. enfant, s. m. et f.
. enfer, s. m.
. enfin, adv.
. enfler, v.
. enfoncer, v.
. enfreindre, v.
  engeance, s. f.
. engelure, s. f.
  engencer, v.
. engendrer, v.
* engin, s. m.
. engloutir, v.

1540

. engoncer, v.
. engouement, s. m.
. engourdir, v.
. engrais, s. m.
  Voyez an, han

  engrener, v.
. enjôler, v.
. enjouement, s. m.
. enivrer, v.
. enlacer, v.
. enlever, v.
. enluminer, v.
. ennemi, adj. et s.
. ennoblir, *rendre noble*, v.
. ennui, s. m.
. ennuyer, v.
. enorgueillir, v.
  enquête, s. f.
. enrhumer, v.
. enrôler, v.
. enroué, adj.

1560

. enseigne, s. m. et f.
. enseigner, v.
. ensemble, adv. et s.
. ensevelir, v.
. ensorceler, v.
. entamer, v.
. entendre, v.
  enter, v.
* entériner, v.
. entêter, v.
. enthousiasme, s. m.
. entiché, adj.
. entier, adj. et s.
* entomologie, s. f.
. entonnoir, s. m.
. entorse, s. f.
. entrailles, s. f. pl.
. entraîner, v.
  Voyez an, han

. entraves, *s. f. pl.*
. entre *nous*, *prép.*

1580

. entrechat, *s. m.*
. entrepôt, *s. m.*
. entrer, *v.*
. entresol, *s. m.*
. envahir, *v.*
. envelopper, *v.*
. envers, *prép.*
. envi (*à l'*), *adv.*
. envie, *s. f.*
. environ, *adv. prép. et s.*
. envoi, *s. m.*
. épais, *adj. f.* épaisse.
  épandre, *v.*
. épaule, *s. f.*
  * épeautre, *s. m.*
. éperon, *s. m.*
. éphémère, *adj. et s.*
  éphémérides, *s. f. pl.*
  * éphore, *s. m.*
. épices, *s. f. pl.*

1600

. épigramme, *s. f.*
. épigraphe, *s. f.*
. épilepsie, *s, f.*
. épinard, *s. m.*
  * épingare, *s. m.*
. épiphanie, *s. f.*
. épitaphe, *s. f.*
  * épithalame, *s. m.*
. épithète, *s. f.*
. épître, *s. f.*
  * épizootie, *s. f.*
  Voyez an, hé

. époux, *s. m.*
  épreindre, *v.*
  * équarrir, *v.*
  équateur, *s. m.*
. équerre, *s. f.*
. équivalent, *adj. et s.*
.. ère *chrétienne*, *s. f.*
  éreinter, *v.*
. ergot *du coq*, *s. m.*

1620

. ermite, *s. m.*
. errer, *v.*
. érysipèle, *s. m.*
. escarbot, *s. m.*
. escargot, *s. m.*
  escient, *s. m.*
  * escogriffe, *s. m.*
. escompte, *s. m.*
  * escourgeon, *s. m.*
. escroc, *s. m.*
. espace, *s. m.*
. espèce, *s. f.*
. espérance, *s. f.*
. esprit, *s. m.*
. esquinancie, *s. f.*
. essai, *s. m.*
. essaim, *s. m.*
. essence, *s. f.*
. essentiel, *adj. f.* essen-
  tielle.
. essouffler, *v.*

1640

. estomac, *s. m.*
. essuie-mains, *s. m.*
. esturgeon, *s. m.*
  Voyez hé, aï, hai

. étai, *s. m.*
étaim, *laine*, *s. m.*
. étain, *métal*, *s. m.*
étançon, *s. m.*
. étang , *amas d'eau*,
   s. m.
. état , *s. m.*
. étau , *s. m.*
. éteignoir , *s. m.*
. éteindre , *v.*
. étendard , *s. m.*
. étendre , *v.*
. éther , *s. m.*
. étincelle , *s. f.*
. étoffe , *s. f.*
. étouffer , *v.*
étourneau , *s. m.*
. étrécir , *v.*

1660

étreindre , *v.*
. étrenne , *s. f.*
étymologie , *s. f.*
eucharistie , *s. f.*
* euphémisme , *s. m.*
euphonie , *s. f.*
. évènement , *s. m.*
évent , *s. m.*
. éventail , *s. m.*
éventaire , *s. m.*
éventuel , *adj. f.* éven-
   tuelle.
. évêque , *s. m.*
. évident , *adj.*
. exact , *adj.*
. examen , *s. m.*
. exaucer *des vœux*, *v.*
   Voyez hé, heu, œu

. excéder , *v.*
. excellent , *adj.*
. exceller , *v.*
. excepter , *v.*

1680

. excès , *s. m.*
. excessif , *adj. f.* exces-
   sive.
. exciter , *v.*
. excursion , *s. f.*
. exemple , *s. m.* —*mo-
   dèle d'écriture,* *f.*
. exempt , *adj. et s. m.*
. exercice , *s. m.*
. exhaler , *v.*
. exhausser , *élever*, *v.*
exhiber , *v.*
. exil , *s. m.*
. exhorter , *v.*
exhumer , *v.*
. exigeant , *adj.*
. exigence , *s. f.*
. existence , *s. f.*
. exorbitant , *adj.*
. expansion , *s. f.*
. expédient , *adj. et s.*
. expérience , *s. f.*

1700

. expérimenté , *adj.*
. expert , *adj. et s. m.*
. exploit , *s. m.*
. exprès , *adj.*, *s. et adv.*
. extension , *s. f.*
. extrait , *adj. et s. m.*
. extrême , *adj. et s.*
      Voyez hé

F

fabliau, *s. m.*
. façade, *s. f.*
. face, *s. f.*
facétie, *s. f.*
. fâcher, *v.*
- facile, *adj.*
. façon, *s. f.*
fac-simile, *s. m.*
. factice, *adj.*
factieux, *adj.* et *s.*
factotum, *s. m.*
factum, *s. m.*
. fadaise, *s. f.*

1720

. fagot, *s. m.*
. faiblesse, *s. f.*
. faïence, *s. f.*
. faim, *besoin, s. f.*
*faim-valle, *s. f.*
faîne, *s. f.*
. fainéant, *s. m.*
. faire, *v.*
. faisan, *s. m.*
. faisceau, *s. m.*
. faîte *d'un bâtiment*, *s. m.*
. faix, *fardeau, s. m.*
falaise, *s. f.*
. falloir, *v.*
falot, *s. m.*
. falsifier, *v.*
fame, *adj.*
Voyez pha, fê, fem

. familier, *adj. f.* familière.
. fantaisie, *s. f.*
*fantoccini, *s. m. pl.*

1740

. fantôme, *s. m.*
. faon, *s. m.*
. farce, *s. f.*
. fardeau, *s. m.*
**fasce, *terme de bla-
son, s. f.*
*fascine, *s. f.*
fasciner, *v.*
. fat, *s. m.*
fatras, *s. m.*
. faubourg, *s. m.*
. faucher, *v.*
. faucille, *s. f.*
. faucon, *s. m.*
. faufiler, *v.*
. faune, *s. m.*
. faussaire, *adj.* et *s.*
. fausset, *s. m.*
. faute, *s. f.*
. fauteuil, *s. m.*
. fauve, *adj.*
. fauvette, *s. f.*

1760

. faux, *f.* fausse, *adj.*
. faux *pour faucher, s. f.*
**fébricitant, *adj.*
Voyez pha, phé, fo

. féerie, *s. f.*
. feindre, *v.*
. fêlé, *adj.*
. félicité, *s. f.*
. femme, *s. f.*
fenaison, *s. f.*
. fendre, *v.*
. fenêtre, *s. f.*
*fenil, *s. m.*
. fer, *métal, s. m.*
fermenter, *v.*
**fermentescible, *adj.*
. féroce, *adj.*
. ferraille, *s. f.*
. ferrement, *s. m.*
. ferrer, *v.*

1780

. ferrure, *s. f.*
férule, *s. f.*
fervent, *adj.*
. fête, *réjouissance, s. f.*
fiançailles, *s. f. pl.*
. fidèle, *adj.*
fieffé, *adj.*
. fiente, *s. f.*
. fierté, *s. f.*
*filagramme, *s. m.*
filament, *s. m.*
. filigrane, *s. m.*
. filou, *s. m.*
. fils, *s. m.*
. firmament, *s. m.*
fisc, *s. m.*
**flaccidité, *s. f.*
. flageolet, *s. m.*
. flairer, *v.*

Voyez fan, fai, fœ, phé, phi, phy

. flambeau, *s. m.*

1800

. flamme, *s. f.*
. flanc, *côté, s. m.*
. flatter, *v.*
. fléau, *s. m.*
**flibot, *s. m.*
. florence, *s. m.*
*florès (*faire*).*
. flotter, *v.*
. flûte, *s. f.*
. flux, *s. m.*
. fluxion, *s. f.*
fœtus, *s. m.*
. foi, *croyance, s. f.*
. foie, *partie du corps, s. m.*
. fois (*deux*), *s. f.*
foisonner, *v.*
. fol, *adj. m.* folle, *f.*
. folâtre, *adj.*
. folie, *s. f.*
. follet, *adj. f.* follette.

1820

**folliculaire, *adj. et s.*
**follicule, *s. f.*
fomenter, *v.*
. foncé, *adj.*
foncier, *adj.*
fondamental, *adj.*
. fond, *partie infér., s. m.*
. fonds (*dans tout autre sens que* fond), *s. m.*
. fontaine, *s. f.*
forain, *adj.*

Voyez pho, fau

forçat, *s. m.*
forcené, *adj. et s.*
forcer, *v.*
forêt, *s. f.*
forfait, *s. m.*
fosse *creuse*, *s. f.*
fouetter, *v.*
foulard, *s. m.*
fourmi, *s. f.*
fourmilière, *s. f.*

1840

*fourmillier, *animal*, *s. m.*
fournaise, *s. f.*
fourneau, *s. m.*
fournil, *s. m.*
fourrage, *s. m.*
fourreau, *s. m.*
fourrer, *v.*
fourrière, *s f.*
fourrier, *s. m.*
fourrure, *s. f.*
foyer, *s. m.*
fragment, *s. m.*
frai *de poisson*, *s. m.*
fraîcheur, *s. f.*
frairie, *s. f.*
frais, *adj. m. et s.*
fraîche, *adj. f.*
fraise, *s. f.*
franc, *adj. et s. f.*
    franche.

Voyez fau, phos, phra

frapper, *v.*

1860

frater, *s. m.*
fraude, *s. f.*
frayer, *v.*
fredaine, *s. f.*
frein, *s. m.*
frêle, *adj.*
frêne, *s. m.*
fréquent, *adj.*
fricandeau, *s. m.*
frimas, *s. m.*
frisotter, *v.*
frissonner, *v.*
frôler, *v.*
froment, *s. m.*
froncer, *v.*
froncis, *s. m.*
frontispice, *s. m.*
frotter, *v.*
fuir, *v.*
fumeterre, *s. f.*

1880

funéraire, *adj.*
fureter, *v.*
fusain, *s. m.*
fuseau, *s. m.*
fusil, *s. m.*
fût, *s. m.*
futaine, *s. f.*
fuyard, *s. m.*

Voyez ph

G

gabare, *s. f.*
*gabeloux, *s. m.*
gâche, *s. f.*
gâcheux, *s. m.*
gâchis, *s. m.*
*gaffe, *s. f.*
gageure, *s. f.*
gai, *joyeux, adj.*
gain, *s. m.*
gaîne, *s. f.*
gaîté, *s. f.*
*galbanum, *s. m.*

1900

galetas, *s. m.*
galimatias, *s. m.*
galiote, *s. f.*
**galipot, *s. m.*
galle (*noix de*), *s. f.*
gallican, *adj.*
*gallicisme, *s. m.*
galonner, *v.*
galoper, *v.*
gamme, *s. f.*
gangrène, *s. f.*
ganse, *s. f.*
gant, *s. m.*
*garance, *s. f.*
*garas, *s. m.*
garçon, *s. m.*
garenne, *s. f.*
gargote, *s. f.*
gargouillis, *s. m.*
Voyez gué, guim, guin

*garrot, *s. m.*

1920

garrotter, *v.*
gasconisme, *s. m.*
gasconnade, *s. f.*
gâteau, *s. m.*
gâter, *v.*
gauche, *adj.* et *s.*
gaude, *s. f.*
gaufre, *s. f.*
gaule, *s. f.*
*gausser, *v.*
gavotte, *s. f.*
gaz, *air, s. m.*
gaze, *tissu, s. f.*
gazelle, *s. f.*
gazette, *s. f.*
gazon, *s. m.*
gazouiller, *v.*
geai, *oiseau, s. m.*
géant, *s. m.*
geindre, *v.*

1940

gelée, *s. f.*
gélatine, *s. f.*
gélinotte, *s. f.*
gémeaux, *s. m. pl.*
gémir, *v.*
*gemme, *s. f.*
gencive, *s. f.*
gendarme, *s. m.*
gendre, *s. m.*
Voyez je, jan

gêne, *s. f.*
généalogie, *s. f.*
général, *adj.* et *s. m.*
génération, *s. f.*
généreux, *adj.*
genèse, *s. f.*
genêt, *s. m.*
génie, *s. m.*
genièvre, *s. m.*
génisse, *s. f.*
genou, *s. m.*; *pl.* genoux.

1960

genre, *s. m.*
gent, *s. f.*
gens, *s. pl. m.* et *f.*
gentiane, *s. f.*
gentil, *adj.*; *f.* gentille.
gentilhomme, *s. m.*
génuflexion, *s. f.*
géographie, *s. f.*
geolier, *s. m.*
géologie, *s. f.*
géomètre, *s. m.*
géranium, *s. m.*
gerbe, *s. f.*
*gerboise, *s. f.*
gercer, *v.*
gérer, *v.*
**gerfaut, *s. m.*
germain, *adj.*
germe, *s. m.*
gésier, *s. m.*

1980

geste, *s. m.*
Voyez je, gea

**gibbosité, *s. f.*
gibecière, *s. f.*
gibelotte, *s. f.*
giberne, *s. f.*
gibet, *s. m.*
gibier, *s. m.*
giboulée, *s. f.*
gigantesque, *adj.*
gigot, *s. m.*
gigotter, *v.*
gigue, *s. f.*
gilet, *s. m.*
gimblette, *s. f.*
gingembre, *s. m.*
girafe, *s. f.*
girandole, *s. f.*
girasol, *s. m.*
girofle, *s. m.*
giroflée, *s. f.*

2000

giron, *s. m.*
girouette, *s. f.*
gisant, *adj.*
gît (ci–), *v.*
gîte, *s. m.*
givre, *s. m.*
glace, *s. f.*
glacier, *s. m.*
glaçon, *s. m.*
glaire, *s. f.*
glaise (*terre*), *adj.*
glaive, *s. m.*
gland, *s. m.*
**glas, *s. m.*
*glauber (*sel de*), *s. m.*
glossaire, *s. m.*
Voyez gy

glotte, *s. f.*

. glu, *s. f.*

. gluau, *s. m.*

*gluten, *s. m.*

2020

. goailler, *v.*

. gobelet, *s. m.*

*gobelotter, *v.*

. godelureau, *s. m.*

**godenot, *s. m.*

. goguenard, *adj.*

. goître, *s. m.*

. gomme, *s. f.*

. gond, *s. m.*

. gothique, *adj.*

. gouffre, *s. m.*

. goujat, *s. m.*

. goulot, *s. m.*

goulotte, *s. f.*

*goure, *s. f.*

. goût, *s. m.*

. goutte, *s. f.*

. grabat, *s. m.*

. grace, *ce qui charme,*
   s. f.

. grain, *s. m.*

2040

. graine, *s. f.*

. graisse, *substance gras-*
   se, s. f.

. grammaire, *s. f.*

. gramme, *s. m.*

. granit, *s. m.*

**graphique, *adj.*

. grappe, *s. f.*

grappin, *s. m.*

Voyez gau

gras, *adj. et s.; f.*
   grasse.

. grasseyer, *v.*

. gratis, *adj.*

. gratter, *v.*

. grec, *adj. m. et s.*

. grecque, *adj. f.*

. greffe, *s. f.*

*grégeois (*feu*), adj.*

. grêle, *adj. et s. f.*

. grelot, *s. m.*

. grelotter, *v.*

. grenat, *s. m.*

2060

*grenetis, *s. m.*

. grès, *s. m.*

. grésil, *s. m.*

. griffe, *s. f.*

griffon, *s. m.*

. griffonnage, *s. m.*

, griffonner, *v.*

grignoter, *v.*

. gril, *ustensile, s. m.*

. grimace, *s. f.*

grimaud, *s. m.*

grimoire, *s. m.*

grimpereau, *s. m.*

. grincer, *v.*

griotte, *s. f.*

grippe, *s. f.*

grisonner, *v.*

grivois, *adj. et s.*

grognard, *adj.*

. groin, *s. m.*

2080

*grolle, *s. m.*

Voyez grai

grommeler, *v.*
• gros, *adj.* et *s.*; *f.* grosse.
• groseillier, *s. m.*
• grotte, *s. f.*
• gruau, *s. m.*
• grumeau, *s. m.*
• guêpe, *s. f.*
• guère, *peu, adv.*
• guerre *sanglante, s. f.*
guet-apens, *s. m.*
• guêtre, *s. f.*
*guillochis, *s. m.*

guillemets, *s. m. pl.*
• guimauve, *s. f.*
guimpe, *s. f.*
• guinder, *v.*
guingois (*de*), *adv.*
• guinguette, *s. f.*
• guitare, *s. f.*

2100

• gutte (*gomme*), *adj.*
• gymnastique, *s. f.*
• gypse, *s. m.*

G

• ha ! *excl. de surprise.*
• habile, *adj.*
• habiller, *v.*
• habit, *s. m.*
• habiter. *v.*
• habitude, *s. f.*
bâbleur, *s. m.*
• hache, *instrument, s. f.*
• hachis, *s. m.*
hachure, *s. f.*
• hagard, *adj.*
haha, *s. m.*
• haie, *s. f.*
• haillon, *s. m.*
• haine, *s. f.*
• haïr, *v.*
haire, *vêtement, s. f.*

2120

*halbran, *s. m.*
• hâle, *s. m.*
• haleine, *souffle, s. f.*
Voyez a, lié

haler, *tirer un cable, v.*
• haleter, *v.*
• halle, *s. f.*
• hallebarde, *s. f.*
hallier, *buisson, s. m.*
**halot, *s. m.*
• halte, *s. f.*
• hamac, *s. m.*
**hamadryade, *s. f.*
• hameau, *s. m.*
• hameçon, *s. m.*
*hampe, *s. f.*
• hanche, *s. f.*
• hanneton, *s. m.*
• hanter, *fréquenter, v.*
*happe, *s. f.*
*happelourde, *s. f.*

2140

happer, *v.*
*haquenée, *s. f.*
haquet, *s. m.*
Voyez a

. harangue, *s. f.*
haras, *s. m.*
.. harasser, *v.*
. harceler, *v.*
. hardes , *s. f. pl.*
. hardiesse , *s. f.*
*harem , *s. m.*
. hareng , *s. m.*
. hargneux, *adj.*
. haricot , *s. m.*
haridelle , *s. f.*
. harmonie, *s. f.*
. harnais , *s. m.*
*harpagon , *s. m.*
. harpe, *s. f.*
. harpie , *s. f.*
. harpon , *s. m.*

2160

**hart, *corde,* *s. f.*
. hasard , *s. m.*
*hase, *s. f.*
. hâte, *s. f.*
**haubert , *s. m.*
. hausse-col , *s. m.*
. hausser, *v.*
. hautain , *adj.*
. hautbois , *s. m.*
. hauteur, *élévation,* *s. f.*
. hâve, *adj.*
. havre , *s. m.*
. havresac , *s. m.*
. hé ! *excl.*
**heaume , *s. m.*
*hebdomadaire , *adj.*
héberger, *v.*
Voyez a, é

. hébéter, *v.*
. hébreu, *adj.* et *s.*
*hécatombe , *s. f.*

2180

hectare , *s. m.*
hectolitre, *s. m.*
*hégire , *s. f.*
*heiduque , *s. m.*
. hélas! *excl.*
*hélice, *s. f.*
. héliotrope , *s. m.* et *f.*
*hellénisme , *s. m.*
. hémisphère , *s. m.*
hémistiche, *s. m.*
. hémorragie, *s. f.*
hémorroïdes , *s. f. pl.*
. hennir, *v.*
**hépatique, *adj.*
. héraut *d'armes,* *s. m.*
. herbe , *s. f.*
hère (*pauvre*), *s. m.*
. héréditaire , *adj.*
. hérésie , *s. f.*
. hérisser, *v.*

2200

. hérisson , *s. m.*
. hériter, *v.*
. hermétiquement, *adv.*
. hermine , *s. f.*
herniaire , *adj.*
. héron , *s. m.*
héronneau , *s. m.*
. héros, *guerrier,* *s. m.*
. herse, *s. f.*
Voyez é

. hésiter, *v.*
*hétéroclite, *adj.*
*hétérodoxe, *adj.*
*hétérogène, *adj.*
. hêtre, *arbre, s. m.*
. heure, *s. f.*
. heureux, *adj.*
. heurter, *v.*
*hexagone, *adj.* et *s. m.*
hiatus, *s. m.*
. hibou, *s. m. pl.* des hi-
boux.

2220

. hideux, *adj.*
. hier, *adv.*
hiérarchie, *s. f.*
hiéroglyphe, *s. m.*
hilarité, *s. f.*
*hippiatrique, *s. f.*
. hippopotame, *s. m.*
. hirondelle, *s. f.*
hisser, *v.*
. histoire, *s. f.*
histrion, *s. m.*
. hiver, *s. m.*
*hobereau, *s. m.*
. hoche, *s. f.*
hocher, *v.*
. hochet, *s. m.*
. hola! *excl.* et *s.*
holocauste, *s. m.*
. homard, *s. m.*
*hombre, *jeu, s. m.*

2240

homélie, *s. f.*
. homicide, *s. m.*

Voyez eu, œu, o, au, hy

. hommage, *s. m.*
. homme, *s. m.*
homogène, *adj.*
. homonyme, *adj.* et *s.*
. honnête, *adj.*
. honneur, *s. m.*
. honoraire, *adj.* et *s.*
. honte, *s. f.*
. hôpital, *s. m.*
. hoquet, *s. m.*
*hoqueton, *s. m.*
horaire, *adj.*
*horion, *s. m.*
. horizon, *s. m.*
. horloge, *s. f.*
. hormis, *prép.*
horoscope, *s. m.*
. horreur, *s. f.*

2260

. hors, *dehors, excepté,
prép.*
. hortensia, *s. m.*
. hospice, *pour les ma-
lades, s. m.*
. hospitalité, *s. f.*
. hostie, *s. f.*
. hostilité, *s. f.*
. hôte, *s. m.*
. hôtel, *maison, s. m.*
. hôtellerie, *s. f.*
. hotte, *s. f.*
. houblon, *s. m.*
*houe, *instrument, s. f.*
. houille, *s. f.*
houle, *s. f.*
. houlette, *s. f.*

Voyez o, au, ou

. houppe, *s. f.*
. houppelande, *s. f.*
**houri, *s. f.*
*hourvari, *s. m.*
houspiller, *v.*

2280

. housse, *s. f.*
. houssine, *s. f.*
. houx, *arbrisseau, s. m.*
*hoyau, *s. m.*
**huard, *s. m.*
huche, *s. f.*
huer, *v.*
huguenot, *s. m.*
huguenotte, *s. f.*
. huile, *s. f.*
*huis, *s. m.*
. huissier, *s. m.*
. huit, *adj. num.*
. huitaine, *s. f.*
. huître, *s. f.*
hulotte, *s. f.*
. humain, *adj.* et *s.*
. humble, *adj.*
. humecter, *v.*
humer, *v.*

2300

. humeur, *s. f.*
. humide, *adj.*
. humilier, *v.*
*humus, *s. m.*
   Voyez on, u

hune *de vaisseau, s. f.*
. huppe, *s. f.*
. hure *de sanglier, s. f.*
. hurler, *v.*
hurluberlu, *s. m.*
. hussard, *s. m.*
. hutte, *s. f.*
hyacinthe, *s. f.*
**hybride, *adj.*
hydraulique, *adj.*
hydre, *s. f.*
hydrogène, *adj.* et *s. m.*
. hydromel, *s. m.*
. hydrophobie, *s. f.*
. hydropisie, *s. f.*
. hyène, *s. f.*

2320

hygiène, *s. f.*
*hygromètre, *s. m.*
. hymen, *s. m.*
. hyménée, *s. m.*
. hymne, *s. m.*—*chant*
   d'église, f.
hyperbole, *s. f.*
*hyperborée, *adj.*
hypocondre, *s. m.*
hypocras, *s. m.*
. hypocrisie, *s. f.*
. hypothèque, *s. f.*
. hypothèse, *s. f.*
hysope, *s. m.*
   Voyez u, i, hi

I

ibis, *s. m.*
*ichneumon , *s. m.*
**ichtyologie, *s. f.*
. ici, ***adv.***
idem (*le même*).
. identique, *adj.*
. idolâtre , *adj.* et *s. m.*

2340

. idylle , *s. f.*
. ignare , *adj.*
. île *déserte, s. f.*
illicite , *adj.*
îlot , *s. m.*
. imaginaire , *adj.*
*iman , *s. m.*
. imbécille , *adj.* et *s.*
. immanquable , *adj.*
immatériel , *adj.*
immédiat , *adj.*
immémorial , *adj.*
. immense , *adj.*
*immersion , *s. f.*
immeuble , *s. m.*
. imminent , *adj.*
immiscer (*s'*), *v.*
. immobile , *adj.*
. immodéré , *adj.*
. immodeste , *adj.*

2360

. immoler, *v.*
. immondices, *s. f. pl.*
. immoral, *adj.*
Voyez hi, hy

. immortel, *adj.* ; *f.* im-
mortelle.
. immuable, *adj.*
immunité , *s. f.*
. impair, *adj.*
. imparfait, *adj.* et *s.*
. impartial, *adj.*
. impatiemment, *adv.*
. impatient, *adj.*
. impératrice, *s. f.*
impéritie, *s. f.*
. impertinent, *adj.*
. impie, *adj.* et *s.*
*implicite, *adj.*
. impôt, *s. m.*
. impotent, *adj.*
. imprudemment, *adj.*
· imprudent, *adj.*

2380

. impudent, *adj.*
inanition , *s. f.*
*incandescence, *s. f.*
incarcérer, *v.*
. incendiaire, *adj.*
. incendie, *s. m.*
. incertain, *adj.*
. incessammeut, *adj.*
. incident, *adj.* et *s.*
. incivil, *adj.*
incohérent , *adj.*
incommensurable, *adj.*
. incommode, *adj.*
Voyez inh

incompétent, *adj.*
incompréhensible, *adj.*
inconséquent, *adj.*
incontinent, *adj. et adv.*
inconvénient, *s. m.*
incorrect, *adj.*
incorruptible, *adj.*

2400

incursion, *s. f.*
indécent, *adj.*
indéchiffrable, *adj.*
indécis, *adj.*
indécrottable, *adj.*
indemniser, *v.*
indépendant, *adj.*
index, *s. m.*
indice, *s. m.*
indicible, *adj.*
indifférent, *adj.*
indigène, *adj. et s.*
indigent, *adj. et s.*
indigo, *s. m.*
indiscipline, *s. f.*
indispensable, *adj.*
indocile, *adj.*
indolent, *adj.*
indompté, *adj.*
indulgent, *adj.*

2420

ineffable, *adj.*
ineptie, *s. f.*
inertie, *s. f.*
infâme, *adj.*
infect, *adj.*
inflammable, *adj.*
Voyez ain

influence, *s. f.*
ingrédient, *s. m.*
inhabile, *adj.*
inhumain, *adj.*
inhumer, *v.*
initial, *adj.*
initier, *v.*
injecter, *v.*
innocent, *adj.*
innover, *v.*
insatiable, *adj.*
insensé, *adj.*
insertion, *s. f.*
insolent, *adj.*

2440

instamment, *adj.*
instinct, *s. m.*
insulaire, *adj. et s.*
intact, *adj.*
intelligence, *s. f.*
intempérance, *s. f.*
intempérie, *s. f.*
intendant, *s. m.*
intense, *adj.*
intenter, *v.*
intention, *s. f.*
intercéder, *v.*
intercepter, *v.*
intérêt, *s. m.*
intérim (par), loc. adv.
interjection, *s. f.*
intermédiaire, *adj.*
intermittent, *adj.*
interpeller, *v.*
Voyez ain

. interprète , *s. m.*

2460

. interroger, *v.*
. interrompre , *v.*
. intervalle , *s. m.*
intervention , *s. f.*
. intraitable , *adj.*
*intuition , *s. f.*
. inventaire , *s. m.*

. inventer, *v.*
. invincible , *adj.*
. ipécacuanha , *s. m.*
. irascible , *adj.*
iris , *s. m.*
. irriter , *v.*
. irruption , *s. f.*
. isthme , *s. m.*
. ivoire , *s. m.*
ivraie , *s. f.*

J

. jabot , *s. m.*
. jadis , *adv.*
. jais , *pierre, s. m.*

. jérémiade , *s. f.*
. jet *d'eau, s. m.*
. jeter , *v.*

2480

jalap , *s. m.*
. jaloux , *adj.*
. jamais , *adv.*
. jambonneau , *s. m.*
janissaire , *s. m.*
. japper , *v.*
*jaquemart , *s. m.*
jargonner, *v.*
jarre , *vase, s. f.*
. jarret , *s. m.*
. jarretière , *s. f.*
*jars , *oiseau, s. m.*
. jatte , *s. f.*
jauge , *s. f.*
. jaune , *adj.*
. jaunisse , *s. f.*
. javelot , *s. m.*

2500

. jeton , *s. m.*
. jeu , *s. m.*
. jeun (à) , *adv.*
. jeune , *adj.*
. jeûner, *v.*
. joaillier, *s. m.*
. jonc , *s. m.*
. joufflu , *adj.*
. joug , *s. m.*
jouvenceau , *s. m.*
. joyau , *s. m.*
judiciaire , *adj.* et *s. f.*
. juillet , *s. m.*
. jumeau , *s. m.*
. jument , *s. f.*
. jus , *s. m.*
. justice , *s. f.*

Voyez inn

Voyez je, gi, geo, hi, hy

K

*kakatoès, *s. m.*
kan, *chef*, *s. m.*
**kanguroo, *s. m.*

2520

kermès, *s. m.*

. kilogramme, *s. m.*
. kiosque, *s. m.*
kirsch-wasser, *s. m.*
*knout, *s. m.*
kyrielle, *s. f.*
*kyste, *s. m.*

L

. là (*allez*), *adv.*
. laboratoire, *s. m.*
. labyrinthe, *s. m.*
*lacérer, *v.*
. lacet, *s. m.*
. lâche, *adj.*
. lâcher, *v.*
**lacrymal, *adj.*
lacs, *cordon*, *s. m.*
. laid, *vilain*, *adj.*
. laine, *s. f.*
. laisse, *s. f.*
. laisser, *v.*
. lait, *liquide*, *s. m.*

2540

. laitance, *ou* laite, *s. f.*
*laiteron, *s. m.*
. laitue, *s. f.*
. lambeau, *s. m.*
lambris, *s. m.*
. lamenter (*se*), *v.*
. lance, *s. f.*
landau, *s. m.*
 Voyez le, len, qu

. lapereau, *s. m.*
. lapidaire, *s. m.*
lapis, *s. m.*
laponne, *adj.* et *s. f.*
. laps, *s. m.*
. laquais, *s. m.*
. larcin, *s. m.*
. lard, *s. m.*
. larron, *s. m.*
**larynx, *s. m.*
. las, *f.* lasse, *adj.*
lascif, *adj.*

2560

*latent, *adj.*
. latte, *s. f.*
lattis, *s. m.*
**laudes, *s. f. pl.*
*lauréat, *adj.* et *s.*
. laurier, *s. m.*
. lavis, *s. m.*
. layette, *s. f.*
**lazaret, *s. m.*
lazzi, *s. m.*
 Voyez qui, lo

. leçon, *s. f.*
*légat, *s. m.*
légataire, *adj. et s.*
*légende, *s. f.*
. légèreté, *s. f.*
. legs, *donation*, *s. m.*
. lendemain, *s. m.*
**lendore, *s. m.*
. lent, *adj.*
. lente, *s. f.*

2580

. lentille, *s. f.*
**lentisque, *s. m.*
. léopard, *s. m.*
**lérot, *s. m.*
lest, *pour lester*, *s. m.*
. léthargie, *s. f.*
. lettre, *s. f.*
*leurre, *appât*, *s. m.*
levain, *s. m.*
. levraut, *s. m.*
· lézard, *s. m.*
*liais (*pierre de*), *s. m.*
. liaison, *s. f.*
. liard, *s. m.*
libelle, *s. m.*
. libraire, *s. m.*
lice, *chienne*, *s. f.*
. licence, *s. f.*
**lichen, *s. m.*
licite, *adj.*

2600

. lierre, *s. m.*
. lilas, *s. m.*
. limaçon, *s. m.*
Voyez lai, lan, lam, ly

*limitrophe, *adj.*
. limonade, *s. f.*
*limoneux, *adj.*
. linceul, *s. m.*
linéaire, *adj.*
. lingot, *s. m.*
**liniment, *s. m.*
. linotte, *s. f.*
**linteau, *s. m.*
. lionceau, *s. m.*
**lippe, *s. f.*
*liquoreux, *adj.*
liquoriste, *s. m.*
. lis, *fleur*, *s. m.*
. lisse, *uni et poli*, *adj.*
. lit, *s. m.*
litharge, *s. f.*

2620

· lithographie, *s. f.*
. littéraire, *adj.*
. locataire, *s. m.*
**logarithme, *s. m.*
. logis, *s. m.*
*logogriphe, *s. m.*
. loi, *s. f.*
. lointain, *adj. et s.*
. lord, *titre*, *s. m.*
loriot, *s. m.*
. lors *de, à l'époque,*
   prép.
. lot, *s. m.*
. loterie, *s. f.*
*lotte, *s. f.*
. loup, *s. m.*
. lourdaud, *s. m.*
. loyauté, *s. f.*
Voyez ly, lau

. loyer, *s. m.*
* lucide, *adj.*
lut, *enduit*, *s. m.*

2640

. luth, *instrument*, *s. m.*
* luthérien, *adj.*

. lutte, *combat*, *s. f.*
. luzerne, *s. f.*
** lycanthrope, *s. m.*
. lycée, *s. m.*
** lymphe, *s. f.*
. lynx, *s. m.*
. lyre *sonore*, *s. f.*

M

** macaque, *s. m.*
* macédoine, *s. f.*
* macérer, *v.*
mâche, *s. f.*
. mâcher, *v.*
* machicot, *s. m.*
* macis, *s. m.*
. maçon, *s. m.*
** macque, *s. f.*
** macrocéphale, *s. m.*
. mademoiselle, *s. f.*

2660

. madras, *s. m.*
. mafflé, *adj.*
. magicien, *s. m.*
. magister *de village*, *s. m.*
. magistrat, *s. m.*
. magnificence, *s. f.*
. magot, *s. m.*
. mahométan, *adj.* et *s.*
. mai, *mois*, *s. m.*
. maigre, *adj.*
. maillot, *s. m.*
main *ouverte*, *s. m.*
 Voyez me, min

. maint *homme*, *adj. num.*
. maintenant, *adv.*
. maintien, *s. m.*
. maire, *magistrat*, *s. m.*
. maïs, *s. m.*
. maisonnette, *s. f.*
. maître, *s. m.*
. majesté, *s. f.*

2680

. majeur, *adj.*
* maki, *s. m.*
. mâle, *adj.*
maléfice, *s. m.*
. malencontreux, *adj.*
. malentendu, *s. m.*
. malfaiteur, *s. m.*
. malfesant, *adj.*
. malheur, *s. m.*
. malice, *s. f.*
. malle, *coffre*, *s. f.*
** maltôte, *s. f.*
* mammifère, *adj.* et *s.*
. manant, *s. m.*
** mancenillier, *s. m.*
 Voyez me

** mandrill, *s. m.*
mânes, *ames des morts, ombres,* s. m.
** manganèse, *s. f.*
. mangeable, *adj.*
** mangeure, *s. f.*

2700

. maniment, *s. m.*
. manne, *s. f.*
. mannequin, *s. m.*
. manœuvre, *s. m. et f.*
. manteau, *s. m.*
. mantelet, *s. m.*
* manutention, *s. f.*
. mappemonde, *s. f.*
. maquereau, *s. m.*
. marabout, *s. m.*
. marais, *s. m.*
. maraud, *s. m.*
. maraude, *s. f.*
. marc, *poids,* s. m.
. marc *de café,* s. m.
* marcotte, *s. f.*
. mare *d'eau,* s. f.
maréchaussée, *s. f.*
* margouillis, *s. m.*
. marguillier, *s. m.*

2720

. marionnette, *s. f.*
** marivaudage, *s. m.*
. marjolaine, *s. f.*
. marmot, *s. m.*
. marmotte, *s. f.*
. marmotter, *v.*
. marotte, *s. f.*

Voyez men

marquisat, *s. m.*
. marraine, *s. f.*
marre, *instrument,* s. f.
** marri (*fâché*), *adj.*
. marronnier, *s. m.*
** marrube, *s. m.*
. mars, *s. m.*
. marteau, *s. m.*
. martial, *adj.*
. martyr, *qui souffre, adj. et s. m.*
. martyre, *qui souffre, adj. et s. f.*
. martyre, *souffrance, s. m.*
. masque, *s. m.*

2740

* massepain, *s. m.*
. mât *de vaisseau,* s. m.
. mat, *brut, adj.*
** matamore, *s. m.*
. matelas, *s. m.*
. matelot, *s. m.*
. matelotte, *s. f.*
. matériaux, *s. m. pl.*
. mathématiques, *s. f. pl.*
. mâtin, *s. m.*
. matois, *adj. et s. m.*
. matras, *s. m.*
* matrone, *s. f.*
. maudire, *v.*
. maure, *de la Maurita- nie, adj. et s.*
. mausolée, *s. m.*
. maussade, *adj.*

Voyez mo

mauvais, *adj.*
mauve, *s. f.*
mauviette, *s. f.*

2760

maximum, *s. m.*
mazette, *s. f.*
méchamment, *adv.*
méchanceté, *s. f.*
mécompte, *s. m.*
méconnaître, *v.*
mécontent, *adj.*
médaillier, *s. m.*
médecin, *s. m.*
médicament, *s. m.*
méditerranée, *s. f.*
*médium, *s. m.*
mégissier, *s. m.*
**meigle, *s. f.*
meilleur, *adj.*
mêler, *v.*
*mélèze, *s. m.*
mélisse, *s. f.*
mélilot, *s. m.*
**membrane, *s. f.*

2780

membre, *s. m.*
même, *adj.* et *adv.*
mémento, *s. m.*
menace, *s. f.*
mendier, *v.*
menotte, *s. f.*
**mense, *table*, *s. f.*
mensonge, *s. m.*
*mensuel, *adj.*
mental, *adj.*

Voyez mai, man

menthe, *plante*, *s. f.*
mention, *s. f.*
mentir, *v.*
menton, *s. m.*
mentor, *s. m.*
méphitique, *adj.*
*méplat, *s. m.*
méprendre, *v.*
mer, *eau salée*, *s. f.*
mercenaire, *adj.*

2800

merci, *s. f.*
mercier, *s. m.*
mérinos, *s. m.*
**merrain, *s. m.*
messie, *s. m.*
messieurs, *s. m. pl.*
métairie, *s. f.*
métamorphose, *s. f.*
métaphore, *s. f.*
métaphysique, *adj.* et
   s. f.
*métayer, *s. m.*
métempsycose, *s. f.*
météore, *s. m.*
méthode, *s. f.*
*métis, *adj.* et *s.*
* métonymie, *s. f.*
mètre, *mesure*, *s. m.*
mets *délicat*, *s. m.*
mettre, *v.*
**mezzo-termine, *s. m.*

2820

miauler, *v.*
mieux, *adv.*

Voyez man, mai

*mignoter, v.
. migraine, s. f.
. mijoter, v.
*miliaire (*fièvre*), adj.
. milice, s. f.
. militaire, adj. et s.
. mille, *distance*, s. m.
. mille, *dix fois cent*, adj. num., *invariable*.
. milliard, s. m.
. million, s. m.
. millionième, adj. et s. m.
. milord, s. m.
. minauderie, s. f.
minimum, s. m.
. mince, adj.
*minerai, s. m.
. miniature, s. f.
**minium, s. m.

2840

. minois, s. m.
*minot, s. m.
. minuit, s. m.
. minute, s. f.
*misaine, s. f.
misanthrope, s. m.
**miscible, adj.
*missel, s. m.
. mission, s. f.
. missionnaire, s. m.
. mitaine, s. f.
modicité, s. f.
. moelle, s. f.
. moellon, s. m.
mœurs, s. f. pl.

Voyez my, mer, mau

. moineau, s. m.
. moins, adv.
. mois, s. m.
. moka, s. m.
*molaire (*dent*), adj.

2860

môle, s. m. et f.
. mollesse, s. f.
. molleton, s. m.
*mollusques, s. m. pl.
. moment, s. m.
monaut (*chien*), adj.
. monceau, s. m.
mondain, adj.
monitoire, s. m.
. monnaie, s. f.
. monosyllabe, s. m.
. monsieur, s. m.
. montée, s. f.
. morceau, s. m.
. more *ou* maure, *nègre*, adj. et s. m.
moricaud, adj.
. mors *d'un cheval*, s. m.
. mortuaire, adj.
. mot, s. m.
. motte, s. f.

2880

*motus, interject.
. mouchard, s. m.
*moucherolle, s. m.
mousquetaire, s. m.
. mousseline, s. f.
. moût *de vin*, s. m.
*muid, s. m.

Voyez mau

. mulot, *s. m.*
. municipal, *adj.*
munificence, *s. f.*
. munition, *s. f.*
. mûr, *en maturité, adj.*
. mûre, *fruit, s. f.*
*musaraigne, *s. f.*
. museau, *s. m.*
. muscat, *adj. et s.*

musée, *s. m.*
. muséum, *s. m.*
. myope, *adj. et s.*
myriade, *s. f.*
2900
myriamètre, *s. m.*
myrrhe, *gomme, s. f.*
. myrte, *s. m.*
. mystère, *s. m.*

N

nacarat, *adj.*
. nacelle, *s. f.*
. nageoire, *s. f.*
. nain, *s. m.; f.* naine.
naissance, *s. f.*
. naître, *v.*
. nankin, *s. m.*
**naphte, *s. f.*
. nappe, *s. f.*
. narcisse, *s. m.*
**nard, *s. m.*
narrer, *v.*
. naseau, *s. m.*
. national, *adj.*
. natte, *s. f.*
. naufrage, *s. m.*

. néant, *s. m.*
. nécessaire, *adj. et s.*
. nef, *s. f.*
. négligemment, *adv.*
. négligent, *adj.*
. négoce, *s. m.*
. négociant, *s. m.*
. neige, *s. f.*
**nenni, *express. nég.*
**nénuphar, *s. m.*
**néophyte, *s. m.*
*néphrétique, *adj.*
. nerf, *s. m.*
. nettoyer, *v.*
. neuvaine, *s. f.*

2920
**naumachie, *s. f.*
. nausée, *s. f.*
*nautile, *s. m.*
*nautonnier, *s. m.*
. néanmoins, *adv.*
Voyez ne, nei, no

2940
. nez *camus, s. m.*
. niais, *adj.*
** nickel, *s. m.*
*nicotiane, *s. f.*
. nid *d'oiseau, s. m.*
Voyez nai, nœu

. nièce, *s. f.*

. nigaud, *adj.*

** nilghaut, *animal, s. m.*

. nippes, *s. f.*

. niveau, *s. m.*

. noce, *s. f.*

*nocher, *s. m.*

. nœud, *s. m.*

*noiraud, *adj.*

. noircir, *v.*

. noix, *s. f.*

. nom *d'un objet, s. m.*

. nomenclature, *s. f.*

. nomination, *s. f.*

. nommer, *v.*

2960

. nonchalant, *adj.*

*nonnain, *s. f.*

. nonne, *s. f.*

. nonpareille, *s. f.*

. nord, *s. m.*

. notaire, *s. m.*

. notariat, *s. m.*

. note, *s. f.*

. notice, *s. f.*

. nôtre (*le*), *pron.*

. nougat, *s. m.*

. nourrice, *s. f.*

. nourrir, *v.*

. nourrisson, *s. m.*

. nouveauté, *s. f.*

nouvelliste, *s. m.*

. novembre, *s. m.*

. novice, *adj.*

. noyau, *s. m.*

. nuance, *s. f.*

2980

. nuit, *s. f.*

. nul, *f.* nulle, *adj.*

. nuitamment, *adv.*

. numéraire, *s. m.*

. numéro, *s. m.*

. nuptial, *adj.*

. nymphe, *s. f.*

O

** obédience, *s. f.*

obélisque, *s. m.*

objecter, *v.*

. objet, *s. m.*

. obligeant, *adj.*

obscène, *adj.*

. obscurcir, *v.*

. obséder, *v.*

Voyez nym, nau, au, ho

. obsèques, *s. f. pl.*

*obtempérer, *v.*

*obtention, *s. f.*

obus, *s. m.*

. occasion, *s. f.*

3000

** occasionnel, *adj.*

Voyez nau, au

occasionner, *v.*
occident, *s. m.*
*occiput, *s. m.*
*occulte, *adj.*
occuper, *v.*
occurrence, *s. f.*
océan, *s. m.*
**ocelot, *s. m.*
octogénaire, *adj. et s.*
oculaire, *adj. et s.*
odorat, *s. m.*
odoriférant, *adj.*
**œcuménique, *adj.*
œil, *s. m.*
œillet, *s. m.*
*œsophage, *s. m.*
œuf, *s. m.*
œuvre, *s. m. et f.*
offense, *s. f.*

3020

offertoire, *s. m.*
office, *s. m. et f.*
offrir, *v.*
offusquer, *v.*
*ognonière, *s. f.*
oing, *graisse, s. m.*
*olibrius, *s. m.*
*olographe, *adj.*
olympe, *s. m.*
olympiade, *s. f.*
omelette, *s. f.*
omission, *s. f.*
*omphalocèle, *s. f.*
once, *s. f.*
onguent, *s. m.*
*ophtalmie, *s. f.*
Voyez au, ho

opiat, *s. m.*
opium, *s. m.*
opportun, *adj.*
opposer, *v.*

3040

oppresser, *v.*
opprimer, *v.*
opprobre, *s. m.*
opulemment, *adv.*
opulence, *s. f.*
oraison, *s. f.*
*orang-outang, *s. m.*
oratoire, *s. m.*
orchestre, *s. m.*
**orchis, *s. m.*
ordinaire, *adj.*
ordonner, *v.*
oreiller, *s. m.*
orémus, *s. m.*
orgeat, *s. m.*
orgueil, *s. m.*
orient, *s. m.*
orifice, *s. m.*
*oriflamme, *s. f.*
originaire, *adj.*

3060

**oripeau, *s. m.*
**ornithologie, *s. f.*
orphelin, *adj. et s.*
*orpiment, *s. m.*
*orthodoxe, *adj. et s.*
orthographe, *s. f.*
osciller, *v.*
ossements, *s. m. pl.*
ostensible, *adj.*
Voyez au, ho

*oxymel, *s. m.*
**ostracisme, *s. m.*
. ôter , *v.*
. où , *pron.* ou *adv.*
. ouate , *s. f.*
. outil , *s. m.*
. outrageant , *adj.*

ovale , *adj.* et *s.*
*oxycrat , *s. m.*
oxyde , *s. m.*
oxygène , *s. m.*

3080

ostentation , *s. f.*

P

. pacifier , *v.*
. paiement, *s. m.*
. païen, *adj.* et *s.*
. pain , *aliment,* *s. m.*
. pair *de France,* *s. m.*
. pair (*nombre*), *adj.*
. paire, *couple,* *s. f.*
. paître, *v.*
. paix *conclue,* *s. f.*
. palais *enchanté* , *s. m.*
. pâle, *adj.*
. palefrenier, *s. m.*
. palier, *s. m.*
. pallier, *v.*
. pâmer, *v.*
pamphlet, *s. m.*
*panacée, *s. f.*
. panais, *s. m.*
. panaris, *s. m.*

3100

*pandoure, *s. m.*
panégyrique, *s. m.*
*panne, *s. f.*
Voyez wi, ho, au, pei

. panneau *de bois,* *s. m.*
panse (*grosse*), *s. f.*
. panser *un cheval,* *v.*
panthéon, *s. m.*
. paon, *oiseau* , *s. m.*
. paonneau, *oiseau,* *s. m.*
papauté, *s. f.*
**papayer, *s. m.*
**papegai, *s. m.*
*papelard, *s. m.*
. paperasse, *s. f.*
. papetier , *s. m.*
. papillote, *s. f.*
*papyrus, *s. m.*
. paquebot , *s. m.*
. pâque, *s. f.*
. paradis, *s. m.*

3120

. parafe, *s. m.*
paragraphe, *s. m.*
. paraître, *v.*
. parallèle, *adj.* et *s.*
. paralysie, *s. f.*
Voyez pen

paraphrase, s. f.
· parapluie, s. m.
· parasol, s. m.
· paravent, s. m.
· parcelle, s. f.
· parcimonie, s. f.
· pardonner, v.
· parement, s. m.
· parent, s. m.
· parenté, s. f.
parenthèse, s. f.
· parfait, adj.
· parfum, s. m.
*pariétaire, s. f.
· parlement, s. m.

3140

paroi, s. f.
*paroxisme, s. m.
**parpaing, s. m.
· parrain, s. m.
parricide, adj. et s.
· part, s. f.
*partenaire, s. m.
· partial, adj.
· participer, v.
*parvis, s. m.
· passementier, s. m.
· pataraffe, s. f.
· pataud, adj.
patauger, v.
· pâte, s. f.
patelin, adj.
· patène, s. f.
*patent, adj.
· patente, s. f.
· pater, prière, s. m.

3160

patère, vase, ornement, s. f.
pathétique, adj.
**pathologie, s. f.
*pathos, s. m.
· patiemment, adv.
· patience, s. f.
· pâtir, v.
· pâtisserie, s. f.
· patois, s. m.
· pâtre, s. m.
*patricien, s. m.
patronal, adj.
· patte de chien, s. f.
· pâture, s. f.
· paume de la main, s. f.
· paupière, s. f.
· pause, repos, s. f.
· pauvre, adj. et s.
pavie, s. m.
pavois, s. m.

3180

· pavot, s. m.
· pays, s. m.
· paysanne, s. f.
· peau fine, s. m.
· peaussier, s. m.
· pêche, s. f.
· pêcher du poisson, v.
pécuniaire, adj.
pédanterie, s. f.
peigne, s. m.
· peindre, v.
· peine, douleur, s. f.
Voyez pai, po

pékin, *s. m.*
. pêle-mêle, *adv.*
. pelisse, *s. f.*
. pelleterie, *s. f.*
. pelote, *s. f.*
. peloton, *s. m.*
. pelouse, *s. f.*
. pelure, *s. f.*

3200

. penaud, *adj.*
. penchant, *s. m.*
. pencher, *v.*
. pendant, *prép.* et *s.*
. pendard, *s. m.*
. pendre, *v.*
. pendule, *s. f.* et *m.*
. pêne *de serrure, s. m.*
. pénitent, *adj.* et *s.*
. pensée, *fleur, s. f.*
. penser, *imaginer, v.*
. pension, *s. f.*
. pensionnat, *s. m.*
. pensum, *s. m.*
'pentagone, *s. m.*
**pentateuque, *s. m,*
. pente, *s. f.*
. pentecôte, *s. f.*
. percer, *v.*
percevoir, *v.*

3220

percussion, *s. f.*
. perdreau, *s. m.*
. perdrix, *s. f.*
. père *de famille, s. m.*
*péremptoire, *adj.*
Voyez pai, pan

périphrase, *s. f.*
permanent, *adj.*
. pernicieux, *adj.*
*péronnelle, *s. f.*
. perpendiculaire, *adj.*
. perron, *s. m.*
. perroquet, *s. m.*
. perruque, *s. f.*
. persécution, *s. f.*
. persévérance, *s. f.*
. persévérer, *v.*
. persil, *s. m.*
. persister, *v.*
personne, *s. f.* et *m.*
pertinemment, *adv.*

3240

*pertuis, *s. m.*
*pervenche, *s. f.*
. pervers, *adj.*
. pestilentiel, *adj.*
. pétard, *s. m.*
*pétrole, *s. m.*
. pétulant, *adj.*
*phaéton, *s. m.*
. phalange, *s. f.*
. phare *qui éclaire, s. m.*
pharisien, *s. m.*
. pharmacie, *s. f.*
**pharynx, *s. m.*
phase, *s. f.*
*phébus, *s. m.*
. phénix, *s. m.*
. phénomène, *s. m.*
. philantrope, *s. m.*
**philippique, *s. f.*
Voyez pai, fa, fé, fi

*philologue, *s. m.*

3260

. philosophe, *s. m.*
* philtre, *breuvage*,
 s. m.
. phoque, *s. m.*
. phosphore, *s. m.*
. phrase, *s. f.*
. phthisie, *s. f.*
. physique, *s. f. et m.*
*physiologie, *s. f.*
. physionomie, *s. f.*
. piauler, *v.*
. pièce, *s. f.*
. pied, *s. m.*
pied-bot, *s. m.*
. pierre, *s. f.*
. pigeon, *s. m.*
**pilau, *riz, s. m.*
*pilotis, *s. m.*
. pilule, *s. f.*
. pimpant, *adj.*
. pinceau, *s. m.*

3280

. pincer, *v.*
. pinçon, *blessure, s. m.*
pique-nique, *s. m.*
. piqûre, *s. f.*
. pis, *pire, adj. et adv.*
. pissenlit, *s. m.*
. pitance, *s. f.*
. pivert, *s. m.*
. pivot, *s. m.*
. place, *s. f.*
. placet, *s. m.*
Voyez fi, pein, pen, py

. plafond, *s. m.*
*plagiaire, *s. m.*
*plagiat, *s. m.*
. plaider, *v.*
plain, *uni, adj.*
. plaindre, *v.*
. plaine *étendue, s. f.*
. plaire, *v.*
. plancher, *s. m.*

3300

plancheyer, *v.*
. planète, *s. f.*
. plant *d'arbres, s. m.*
. plantain, *s. m.*
. plâtras, *s. m.*
. plâtre, *s. m.*
plausible, *adj.*
. plein, *rempli, adj.*
plénipotentiaire, *adj.*
 et *s. m.*
plinthe *de bois, s. f.*
. plongeon, *s. m.*
* plumetis, *broderie*,
 s. m.
. plupart (*la*), *s. f.*
. plusieurs, *adj. num.*
. plutôt, *adv.*
. poêle, *s. m. et f.*
. poêlon, *s. m.*
. poème, *s. m.*
poids, *qui pèse, s. m.*
. poignard, *s. m.*

3320

. poinçon, *s. m.*
. poing, *main fermée,*
 s. m.
  Voyez pau

. point, *s. et adv.*
. pois, *légume*, *s. m.*
. poix, *résine*, *s. f.*
. pôle, *s. m.*
. police, *s. f.*
polygamie, *s. f.*
*polygone, *s. m.*
*polype, *s. m.*
polysyllabe, *s. m.*
. pommade, *s. f.*
. pomme, *s. f.*
. ponceau, *adj. m.*
**poncire, *s. m.*
*poncis, *s. m.*
. pont, *s. m.*
pontife, *s. m.*
. pont-levis, *s. m.*
. populace, *s. f.*

3340

. populaire, *adj.*
. porcelaine, *s. f.*
. pore *de la peau*, *s. m.*
porphyre, *s. m.*
. porreau, *s. m.*
. port *de mer*, *s. m.*
. portion, *s. f.*
. portrait, *s. m.*
posthume, *adj.*
. possession, *s. f.*
. potée, *s. f.*
. potence, *s. f.*
. potentat, *s. m.*
. pouce, *s. m.*
*pouffer, *v.*
. poulailler, *s. m.*
. poulain, *s. m.*
      Voyez pau, pun

. pouls *qui bat*, *s. m.*
. poupard, *s. m.*
. pourceau, *s. m.*

3360

. prairie, *s. f.*
. praticable, *adj.*
*préau, *s. m.*
. précaution, *s. f.*
. précédent, *adj.*
. précéder, *v.*
. précepte, *s. m.*
. prêcher, *v.*
. précieux, *adj.*
. précipice, *s. m.*
. précipitamment, *adv.*
. précoce, *adj.*
. prédécesseur, *s. m.*
. préface, *s. f.*
. préférence, *s. f.*
. préjudice, *s. m.*
. prélat, *s. m.*
. prémices, *s. f. pl.*
. prendre, *v.*
prépondérant, *adj.*

3380

. près *de moi*, *prép.*
. prêt, *adj. et s. m.*
*privauté, *s. f.*
. prix, *s. m.*
. procéder, *v.*
. procès, *s. m.*
. procession, *s. f.*
. prochain, *adj. et s. m.*
*profès, *adj.*
. prohiber, *v.*

programme, *s. m.*

progrès, *s. m.*

projet, *s. m.*

prompt, *adj.*

- prône, *s. m.*

prononcer, *v.*

propension, *s. f.*

prophète, *s. m.*

prophétie, *s. f.*

propice, *adj.*

3400

* propitiation, *s. f.*

proportion, *s. f.*

propos, *s. m.*

propriétaire, *s. m.*

* prosélyte, *adj. et s.*

prospectus, *s. m.*

* protée, *s. m.*

protêt, *s. m.*

protocole, *s. m.*

providence, *s. f.*

prudence, *s. f.*

* prud'homie, *s. f.*

psaume, *s. m.*

* pseudonyme, *adj. et s.*

puce, *insecte, s. f.*

puéril, *adj.*

puis, *ensuite, adv.*

puits *creusé, s. m.*

pulluler, *v.*

punch, *s. m.*

3420

pupille, *s. m. et f.*

* purulent, *adj.*

pus, *s. m.*

putois, *s. m.*

* pygmée, *s. m.*

pylore, *s. m.*

pyramide, *s. f.*

* pyrite, *s. f.*

* pyrrhique, *adj.*

Q

quadrille, *s. m. et f.*

quadrupède, *s. m.*

quai, *s. m.*

** quaiche, *s. m.*

quaker, *s. m.*

qualité, *s. f.*

quand, *conj.*

quant à, *prép.*

quantité, *s. f.*

quarante, *adj. num.*

Voyez ca, ka

quart, *quatrième partie, s. m.*

3440

* quartaut, *s. m.*

quarteron, *s. m.*

quartier, *s. m.*

* quasi, *adv.*

quasimodo, *s. f.*

quatorze, *adj. num.*

Voyez ca, ka

- quatrain , *s. m.*
- quatre , *adj. num.*
- querelle , *s. f.*
- quête , *s. f.*
* quidam , *s. m.*
* quinaud , *adj.*
- quincaillier , *s. m.*
quintessence , *s. f.*
- quiproquo , *s. m.*

- quittance , *s. f.*
- quitte , *adj.*
- quitter , *v.*
quolibet, *s. m.*
quotidien , *adj.*

3460

quotient , *s. m.*
* quotité , *s. f.*

R

rabâcher , *v.*
- rabais, *s. m.*
- rabat, *s. m.*
rabbin, *s. m.*
râble , *s. m.*
- raccommoder , *v.*
- raccorder, *v.*
- raccourcir, *v.*
- race, *s. f.*
- rachat, *s. m.*
- racine, *s. f.*
- radeau, *s. m.*
- radis, *s. m.*
- raffermir, *v.*
- raffiner , *v.*
- raffoler, *v.*
- rafraîchir, *v.*
- ragoût , *s. m.*

raiponce, *plante, s. f.*
* rais *d'une roue, s. m.*
- raisin, *s. m.*
râle, *s. m.*
- ralliement, *s. m.*
- rallonger , *v.*
- rallumer, *v.*
ramassis, *s. m.*
- ramoner, *v.*
- rançon, *s. f.*
rapace, *adj.*
râpe, *s. f.*
rapetasser , *v.*
* rapt , *s. m.*
- rat, *s. m.*
- ratafia, *s. m.*
- rateau, *s. m.*

3500

- rauque, *adj.*
- ravauder, *v.*
- rayer, *v.*
- rebelle, *adj. et s.*

Voyez rei, ren

3480

* raifort, *s. m.*
- rainette, *s. f.*
- rainure, *s. f.*
Voy. ca, ka, ki ; rei, rha

. rebiffer, *v.*
rebours, *s. m.*
. rebuffade, *s. f.*
rébus, *s. m.*
. réchaud, *s. m.*
. réchauffer, *v.*
récif, *s. m.*
récalcitrant, *adj.*
. recéler, *v.*
recensement, *s. m.*
. récent, *adj.*
* récépissé, *s. m.*
réceptacle, *s. m.*
. réception, *s. f.*
. recette, *s. f.*
. récidive, *s. f.*

3520

récipient, *s. m.*
. réciter, *v.*
. recommander, *v.*
. récompenser, *v.*
recors, *s. m.*
. recours, *s. m.*
. recueil, *s. m.*
reddition, *s. f.*
. réduire, *v.*
. réduit, *s. m.*
référendaire, *s. m.*
. réflexion, *s. f.*
. reflux, *s. m.*
. refrain, *s. m.*
. régent, *s. m.*
régicide, *s. m.*
. regître, *s. m.*
. regretter, *v.*
Voyez rai

. reine, *qui règne, s. f.*
. reins, *s. m. pl.*

3540

. relais, *s. m.*
reliquaire, *s. m.*
reliquat, *s. m.*
. remercier, *v.*
réminiscence, *s. f.*
. remords, *s. m.*
. rempart, *s. m.*
. remplacer, *v.*
. remployer, *v.*
. renard, *s. m.*
. rencontrer, *v.*
. rendre, *v.*
. rêne, *guide, s. f.*
renégat, *s. m.*
. renfort, *s. m.*
. renne, *animal, s. m.*
. rente, *s. f.*
. renverser, *v.*
. renvoi, *s. m.*
. repaire, *s. m.*

3560

. repas, *s. m.*
. repentir (*se*), *v.*
répertoire, *s. m.*
. répit, *s. m.*
. réponse, *s. f.*
. répréhensible, *adj.*
. reptile, *s. m.*
républicain, *adj. et s.*
. requête, *s. f.*
* requiem, *s. m.*
* rescrit, *s. m.*
Voyez rai

- résidence, *s. f.*
- résous, *adj.*
- ressembler, *v.*
- ressentir, *v.*
- ressort, *s. m.*
- ressusciter, *v.*
- restaurateur, *s. m.*
- restreindre, *v.*
- résultat, *s. m.*

3580

- résurrection, *s. f.*
- réticence, *s. f.*
- rétention, *s. f.*
- retentir, *v.*
- retraite, *s. f.*
- rets, *filet*, *s. m.*
- retors, *adj.*
- rétrécir, *v.*
- revêche, *adj.*
- revendiquer, *v.*
- rêver, *v.*
- révérence, *s. f.*
- révérend, *adj.*
- revers, *s. m.*
- rez-de-chaussée, *s. m.*
- rhabiller, *v.*
- rhétorique, *s. f.*
- rhinocéros, *s. m.*
- rhombe, *s. m.*
- rhubarde, *s. f.*

3600

- rhumatisme, *s. m.*

Voyez rai, ru

- rhume, *s. m.*
- rhythme, *s. m.*
- richard, *s. m.*
- rideau, *s. m.*
- rincer, *v.*
- rit, *coutume*, *s. m.*
- riz, *plante*, *s. m.*
- rocher, *s. m.*
- rôder, *v.*
- rodomont, *s. m.*
- rôle, *s. m.*
- romain, *adj.* et *s.*
- ronce, *s. f.*
- rosace, *s. f.*
- rosaire, *s. m.*
- rosat, *adj. m.*
- roseau, *s. m.*
- rossignol, *s. m.*
- rossolis, *s. m.*

3620

- rôt, *s. m.*
- rôtir, *v.*
- rougeâtre, *adj.*
- rougeaud, *adj.*
- rougeole, *s. f.*
- rousse, *adj. f.*
- roux, *adj. m.*
- royaume, *s. m.*
- rubis, *s. m.*
- rudiment, *s. m.*
- ruisseau, *s. m.*
- rum, *liqueur*, *s. m.*
- rustaud, *s. m.*

Voyez rhu, rhi

S

sabbat, *s. m.*
sabot, *s. m.*
saccader, *v.*
saccager, *v.*
sacerdoce, *s. m.*
sacramental, *adj.*
sacrifice, *s. m.*

3640

sacristain, *s. m.*
sagittaire, *s. m.*
saigner, *v.*
sain, *salubre, adj.*
saindoux, *s. m.*
sainfoin, *s. m.*
saint, *sanctifié, adj.*
   et s.
saisir, *v.*
saison, *s. f.*
salaud, *adj.*
salep, *s. m.*
salutaire, *adj.*
salle, *pièce, s. f.*
salmigondis, *s. m.*
salmis, *s. m.*
salpêtre, *s. m.*
salsifis, *s. m.*
salut, *s. m.*
samedi, *s. m.*
sanctuaire, *s. m.*

3660

sang, *liquide, s. m.*
sanglotter, *v.*
   Voyez sen, sem

sangsue, *s. f.*
sanguinaire, *adj.*
sanguinolent, *adj.*
sans *ami, prép.*
saphir, *s. m.*
sarcophage, *s. m.*
sarment, *s. m.*
sarrazin, *blé, s. m.*
sarreau, *s. m.*
satiété, *s. f.*
satisfait, *adj.*
satyre, *être fabuleux,*
   s. m.
sauce, *s. f.*
saucisse, *s. f.*
sauf, *f.* sauve, *adj.*
sauge, *s. f.*
saugrenu, *adj.*
saule, *s. m.*

3680

saumon, *s. m.*
saupoudrer, *v.*
saur (*hareng*), *adj.*
saussaie, *s. f.*
sauter *v.*
sauvage, *adj.* et *s.*
sauvageon, *s. m.*
sauver, *v.*
sbirre, *s. m.*
scandale, *s. m.*
scapulaire, *s. m.*
scarabée, *s. m.*
sceau, *cachet, s. m.*
   Voyez sen, so, sce

- scélérat, *s. m.*
- sceller, *mettre le sceau,* *v.*
- scène *tragique,* *s. f.*
scaptique, *s. m.*
- sceptre, *s. m.*
* schako, *s. m.*
schelling, *s. m.*

3700

schisme, *s. m.*
* schiste, *s. m.*
sciatique, *adj. et s. f.*
- science, *s. f.*
scier, *v.*
- scintiller, *v.*
* scion, *s. m.*
scission, *s. f.*
scolopendre, *s. f.*
- séance, *s. f.*
* seau, *vase,* *s. m.*
- secondaire, *adj.*
- secours, *s. m.*
- secrétaire, *s. m.*
- sédentaire, *adj.*
sédiment, *s. m.*
- sédition, *s. f.*
- seigle, *s. m.*
- seigneur, *s. m.*
- sein *du corps,* *milieu, s. m.*

3720

- seing, *signature, s. m.*
- seize, *adj. num.*
- sel *de mer, s. m.*
- selle, *siége, s. f.*
* semaine, *s. f.*

Voyez sc, cé

- semblable, *adj.*
- semence, *s. f.*
- séminaire, *s. m.*
- semis, *s. m.*
- semonce, *s. f.*
* sempiternel, *adj.*
- sénat, *s. m.*
** seneçon, *s. m.*
- sens, *sentiment, s. m.*
- sensible, *adj.*
- sentence, *s. f.*
* sentène *d'un écheveau, s. f.*
sententieux, *adj.*
- sentier, *s. m.*

3740

- sentiment, *s. m.*
sentine, *s. f.*
- sentinelle, *s. f.*
- sentir, *v.*
- sept, *adj. num.*
- septembre, *s. m.*
- septentrional, *adj.*
séraphin, *s. m.*
- serein, *pur, adj.*
serf, *esclave, s. m.*
- sergent, *s. m.*
- serment *solennel, s. m.*
- serpent, *s. m.*
serpillière, *s. f.*
- serre *chaude, griffe, s. f.*
- serrement *de cœur, s. m.*
- serrer, *v.*
- serrure, *s. f.*

Voyez cen, san, cer

. service, *s. m.*
session, *séance*, *s. f.*
** shérif, *s. m.*

3760

* sibylle, *s. f.*
. sifflet, *s. m.*
. signet, *s. m.*
. silence, *s. m.*
silésie, *s. m.*
. sillon, *s. m.*
** simarre, *s. f.*
. sincère, *adj.*
* siphon, *s. m.*
. sire, *titre*, *s. m.*
. sirène, *s. f.*
. sirop, *s. m.*
. site, *s. m.*
. six, *adj. num.*
sixain, *s. m.*
. société, *s. f.*
. socque *articulé*, *s. m.*
. sœur, *s. f.*
. soif, *s. f.*
. soixante, *adj. num.*

3780

solaire, *adj.*
. soldat, *s. m.*
solécisme, *s. m.*
. solennel, *f.* solennelle,
   adj.
solidaire, *adj.*
. solitaire, *adj. et s.*
. solliciter, *v.*
solstice, *s. m.*
. sommaire, *s. m.*

. somme, *s. m. et f.*
. sommeil, *s. m.*
. sommer, *v.*
* somnifère, *adj.*
* somptuaire, *adj.*
. sonner, *v.*
sonnet, *s. m.*
** sonnez, *au trictrac*,
   s. m.
. sonore, *adj.*
sophiste, *s. m.*
. sorcier, *s. m.*

3800

. sort, *s. m.*
. sottise, *s. f.*
* soubresaut, *s. m.*
. souci, *s. m.*
. soudain, *adj et adv.*
. souffler, *v.*
. souffrir, *v.*
. soufre, *s. m.*
. souhait, *s. m.*
. soûl, *ivre*, *adj.*
. soupçonner, *v.*
. soupente, *s. f.*
. source, *s. f.*
. sourcil, *s. m.*
sourdaud, *adj.*
. souriceau, *s. m.*
. souricière, *s. f.*
. souris, *s. f.*
. soustraire, *v.*
. souterrain, *adj. et s.*

3820

. souverain, *adj. et s.*

Voy. seau, sei, sau, ci, sph sy

. spacieux , *adj.*
** spahi , *s. m.*
* sparterie , *s. f.*
spécieux , *adj.*
* spécifier , *v.*
. spencer , *s. m.*
. sphère , *s. f.*
. sphinx , *s. m.*
spleen , *s. m.*
. splendeur , *s. f.*
. squelette , *s. m.*
squirre , *s. m.*
. stalle , *s. f.*
statut , *règle* , *s. m.*
stipendiaire , *adj.* et *s.*
. strophe , *s. f.*
. stupéfait , *adj.*
. style , *s. m.*
. stylet , *s. m.*

3840

suaire , *linceul* , *s. m.*
subséquent , *adj.*
. substantiel , *f.* substan-
tielle , *adj.*
substitut , *s. m.*
. subtil , *adj.*
* subvention , *s. f.*
. succéder , *v.*
. succès , *s. m.*
. succession , *s. f.*
. succinct , *adj.*
succion , *s. f.*
. succomber , *v.*
. succulent , *adj.*
. succursale , *s. f.*
. sucer , *v.*

. suçoter , *v.*
. sud , *s. m.*
. suffire , *v.*
. suffoquer , *v.*
. suffrage , *s. m.*

3860

suicide , *s. m.*
. sujet , *s. m.*
. superficie , *s. f.*
. supplice , *s. m.*
. supporter , *v.*
. supprimer , *v.*
. suppurer , *v.*
supputer , *v.*
* suprématie , *s. f.*
. sûr , *certain* , *adj.*
suranné , *adj.*
. surcroît , *s. m.*
. sureau , *plante* , *s. m.*
. sûreté , *s. f.*
. surface , *s. f.*
. surjet , *s. m.*
suros , *maladie* , *s. m.*
. surplis , *s. m.*
. sursaut , *s. m.*
surseoir , *v.*

3880

sursis , *s. m.*
sus (*en*) , *adv.*
. susceptible , *adj.*
. suspect , *adj.*
. suspendre , *v.*
. suspens , *s. m.*
** suspicion , *s. f.*
. sympathie , *s. f.*
Voyez sim, sin

. symphonie, *s. f.*
. synagogue, *s. f.*
- syndic, *s. m.*
* synode, *s. m.*
. synonyme, *s. m.*

synoptique, *adj.*
. syntaxe, *s. f.*
synthèse, *s. f.*
. système, *s. m.*

T

. tabac, *s. m.*
* tabellion, *s. m.*
** tabis, *s. m.*

3900

. tableau, *s. m.*
. tablier, *s. m.*
. tâcher, *v.*
* tachygraphe, *s. m.*
* tacite, *adj.*
. taciturne, *adj.*
. tact, *s. m.*
. taffetas, *s. m.*
. taillis, *s. m.*
tain *de la glace, s. m.*
. taire *un secret, v.*
. talent, *s. m.*
talisman, *s. m.*
talus, *s. m.*
. tamis, *s. m.*
** tanaisie, *s. f.*
. tancer, *v.*
. tandis *que, conj.*
. tanner, *v.*
. tant, *tellement, adv.*

3920

tantôt, *adv.*
taon, *mouche, s. m.*
Voyez ten, tem

tapinois (*en*) *adv.*
. tapis, *s. m.*
. tapoter, *v.*
. tard, *adv.*
* tarentule, *s. f.*
. tartufe, *s. m.*
tatillonner, *v.*
. tâtons (*à*), *adv.*
. taudis, *s. m.*
. taupe, *animal, s. f.*
. taureau, *s. m.*
** tautologie, *s. f.*
. taux, *taxe, s. m.*
technique, *adj.*
. teigne, *s. f.*
. teindre, *v.*
. télégraphe, *s. m.*
* tellière, *s. f.*

3940

. téméraire, *adj.*
. tempe, *s. f.*
. tempérer, *v.*
. tempête, *s. f.*
. temple, *s. m.*
* templier, *s. m.*
. temps, *durée, s. m.*
. tenace, *adj.*
Voyez tan, thé

. tendre, *adj. et v.*
. tension, *s. f.*
. tente *de toile, s. f.*
. tenter, *v.*
  * tercet, *s. m.*
. térébenthine, *s. f.*
  * térébinthe, *s. m.*
. terrain, *s. m.*
. terrasse, *s. f.*
. terre, *limon, s. f.*
. terreur, *s. f.*
. terrine, *s. f.*

3960

. territoire, *s. m.*
  ** testacé, *adj.*
. testamentaire, *adj.*
  têt, *morceau cassé, s. m.*
  têtard, *s. m.*
  ** thaumaturge, *adj.*
. thé, *s. m.*
. théâtre, *s. m.*
. théière, *s. f.*
  théisme, *s. m.*
. thême, *s. m.*
  théologie, *s. f.*
  théorique, *adj.*
  thériaque, *s. f.*
. thermomètre, *s. m.*
  thésauriser, *v.*
. thèse, *s. f.*
  thon, *poisson, s. m.*
  * thorax, *s. m.*
  ** thuriféraire, *s. m.*

3980

thym, *plante, s. m.*
   Voyez tai

thyrse, *s. m.*
. tierce, *s. f. et adj.*
. tiers, *s. m. et adj.*
. tilbury, *s. m.*
  * timonier, *s. m.*
. tintamarre, *s. m.*
. tire-lire, *s. f.*
. tisane, *s. f.*
. tisserand, *s. m.*
. tocsin, *s. m.*
. toit, *couverture, s. m.*
. tôle, *s. f.*
. tombeau, *s. m.*
. tombereau, *s. m.*
. tome, *s. m.*
. tonneau, *s. m.*
. tonnerre, *s. m.*
. topaze, *s. f.*
. torrent, *s. m.*

4000

. torticolis, *s. m.*
. tôt *ou tard, adv.*
. touffe, *s. f.*
. toujours, *adv.*
. tourmenter, *v.*
. tournesol, *s. m.*
  tournois (*livre*), *adj.*
. tourterelle, *s. f.*
. toux, *rhume, s. f.*
. tracas, *s. m.*
. tracer, *v.*
. trahir, *v.*
. train, *s. m.*
. traîner, *v.*
. traire, *v.*
. trait *délicat, s. m.*
   Voyez ta, tai, th, ty

- traiter, *v.*
- traître, *s.* et *adj.*
- trajet, *s. m.*
- tranquille, *adj.*

4020

transcendant, *adj.*
- transe, *s. f.*
- transi, *adj.*
transit, *s. m.*
- transparence, *s. f.*
- transsubstantiation, *s. f.*
* trapèze, *s. m.*
- trappe, *s. f.*
* traquenard, *s. m.*
- treillis, *s. m.*
- treize, *adj. num.*
- trembler, *v.*
trembloter, *v.*
- tremper, *v.*
- trente, *adj. num.*
- trépied, *s. m.*
- tréteau, *s. m.*
tribu, *peuplade, s. f.*

- tribut *qu'on paye*, *s. m.*
- tricoter, *v.*

4040

trident, *s. m.*
- triomphe, *s. m.* et *f.*
* triumvir, *s. m.*
- tronc, *s. m.*
- tronçon, *s. m.*
- trône, *s. m.*
- trop, *adv.*
- trophée, *s. m.*
- trotter, *v.*
- truffe, *s. f.*
- tulle, *s. m.*
- turbot, *s. m.*
- tutélaire, *adj.*
- turbulent, *adj.*
- tuyau, *s. m.*
- tympan, *s. m.*
- tympanon, *s. m.*
* type, *s. m.*
** typographe, *s. m.*
- tyran, *s. m.*

U

4060
* ukase, *s. m.*
- ulcère, *s. m.*
* ultimatum, *s. m.*
ultramontain, *adj.*
Voyez trai, hu

** unau, *s. m.*
- univers, *s. m.*
** ure, *taureau, s. m.*
- urgent, *adj.*
- ustensile, *s. m.*
Voyez tra, hu

V

. vaccine, *s. f.*
. vacher, *s. m.*
. vaciller, *v.*
. vain, *orgueilleux, frivole, adj.*
. vaincre, *v.*
. vaisseau, *s. m.*
. vaisselle, *s. f.*
. vallée, *s. f.*
. valse, *s. f.*
vampire, *s. m.*
vanneau, *s. m.*

4080

vanner, *v.*
. vannier, *s. m.*
* varice, *s. f.*
. vasistas, *s. m.*
vau l'eau (*à*), *adv.*
. vaudeville, *s. m.*
. vaurien, *s. m.*
. vautour, *s. m.*
. vautrer, *v.*
** vayvode, *s. m.*
. veau, *s. m.*
. véhément, *adj.*
* véhicule, *s. m.*
. veine, *canal du sang, s. f.*
. vélocifère, *s. m.*
. velours, *s. m.*
. venaison, *s. f.*
. vendange, *s. f.*
. vendre, *v.*
Voyez vo, ven

. vendredi, *s. m.*

4100

. vengeance, *s. f.*
. vent, *air agité, s. m.*
. ventre, *s. m.*
. vêpres, *s. f. pl.*
. ver, *insecte, s. m.*
** vergeure, *s. f.*
. verglas, *s. m.*
. verjus, *s. m.*
. vermicelle, *s. m.*
. vermisseau, *s. m.*
. vernis, *s. m.*
* verrat, *s. m.*
. verre *fragile, s. m.*
verroterie, *s. f.*
. verrou, *s. m.*
. verrue, *s. f.*
. vers *d'un poète, s. m.*
. verser, *v.*
vertigo, *s. m.*
. vertu, *s. f.*

4120

verveine, *s. f.*
vesce, *graine, s. f.*
. vésicatoire, *s. m.*
. vestiaire, *s. m.*
. vêtement, *s. m.*
* veule, *adj.*
. vice, *défaut, s. m.*
. vice-roi, *s. m.*
. vicissitude, *s. f.*

* vicinal, *adj.*
vicomte, *s. m.*
vieillard, *s. m.*
vieillesse, *s. f.*
vil, *abject*, *adj.*
vilenie, *s. f.*
vilipender, *v.*
villageois, *adj. et s.*
ville *habitée*, *s. f.*
vinaigre, *s. m.*
vingt, *nombre*, *adj. num.*

4140

violat (*sirop*), *adj. m.*
violent, *adj.*
violoncelle, *s. m.*
vire-volte, *s. f.*
viril, *adj.*
virulent, *adj.*
virus, *s. m.*
vis, *pour visser*, *s. m.*
* visa, *s. m.*
* viscère, *s. m.*
visionnaire, *s. m.*

* vitrescible, *adj.*
vivace, *adj.*
vivipare, *adj.*
vivoter, *v.*
vizir, *s. m.*
vocabulaire, *s. m.*
* vociférer, *v.*
vœu, *s. m.*
voici, *abréviation de vois-ici.*

4160

voix, *son*, *s. f.*
volatil, *adj.*
volatile, *s. f.*
volontaire, *s. et adj.*
volontiers, *adv.*
vorace, *adj.*
vôtre (*le*), *pron.*
vérité, *s. f.*
vrai, *adj.*
vraisemblable, *adj.*
vulgaire, *adj.*
vulnéraire, *adj.*
wisk, *s. m.*
* wiski, *s. m.*

Y

* yacht, *s. m.*
yeuse, *s. f.*

yeux, *s. m. pl.*
* ypréau, *s. m.*
Voyez vau, vic

Z

. zèle, *s. m.*
zénith, *s. m.*

4180

. zéphyr, *vent doux,*
s. m.
zest! *exclam.*

zeste, *s. m.*
. zig-zag, *s. m.*
zibeline, *s. f.*
. zizanie, *s. f.*
zodiaque, *s. m.*
zone, *s. f.*
*zoophyte, *s. m*

FIN.

www.ingramcontent.com/pod-product-compliance
Ingram Content Group UK Ltd.
Pitfield, Milton Keynes, MK11 3LW, UK
UKHW020940120726
13693UKWH00004B/1436